中央民族大学“985 工程”
中国当代民族问题战略研究基地
民族发展与民族关系问题研究中心
“民族发展与民族关系问题”实证研究高级讲习班
田野调查报告选

主编 白振声

佟春霞◎著
范　可◎指导教授

客观文化、主观认同与民族意识

——来自湖南维吾尔族的调查与分析

KEGUAN WENHUA ZHUGUAN
RENTONG YU MINZU YISHI

LAIZI HUNAN WEIWUERZU DE DIAOCHA YU FENXI

中央民族大学出版社
China Minzu University Press

图书在版编目(CIP)数据

客观文化、主观认同与民族意识:对湖南维吾尔族的调查与分析/佟春霞著.—北京:中央民族大学出版社,2011.6

ISBN 978-7-5660-0002-6

Ⅰ.①客… Ⅱ.①佟… Ⅲ.①维吾尔族—民族调查—湖南省
Ⅳ.K281.5

中国版本图书馆 CIP 数据核字(2011)第 090443 号

客观文化、主观认同与民族意识

作　　者　佟春霞
责任编辑　白立元
封面设计　汤建军
出 版 者　中央民族大学出版社
　　　　　北京市海淀区中关村南大街 27 号　邮编:100081
　　　　　电话:68472815(发行部)　传真:68932751(发行部)
　　　　　　　　68932218(总编室)　　　　68932447(办公室)
发 行 者　全国各地新华书店
印 刷 者　北京宏伟双华印刷有限公司
开　　本　880×1230(毫米)　1/32　印张:6.375
字　　数　160 千字
版　　次　2011 年 6 月第 1 版　2011 年 6 月第 1 次印刷
书　　号　ISBN 978-7-5660-0002-6
定　　价　16.00 元

目　录

引　言

一谈起维吾尔族，人们首先会想到我国新疆地区的维吾尔族。

在美丽的水乡湖南省桃源县，也有维吾尔族，他们通常被称为湖南维吾尔族。湖南维吾尔族是“西维南居”的历史结果，正因为湖南维吾尔族具有不同的历史背景、独特的民族发展与形成过程，使得他们成为当下学者们争相关注与研究的焦点。

湖南维吾尔族世居桃源已有630多年，因其长期地处江南水乡地带，处在同西域完全不同的生态环境下，与汉族、回族共居的人文环境下，文化的变迁自不待言。他们讲汉语，与回族、汉族人通婚，过春节等汉族节日。但是，客观文化的变迁并没有改变他们的世系传承、没有忘记英雄祖先的历史，更没有“融化”他们对翦氏族人的内部认同以及新中国成立后与遥远的新疆维吾尔族的主体民族的认同。如果将他们同新疆的维吾尔族对比的话，人们会发现不论在体质上还是在文化上，两者都相差甚远；如果以同一个民族具有同一的文化模式为标准来衡量的话，显然不妥。事实上，两者巨大的文化差异、不同的发展历程以及几百年的文化阻隔没有影响到两者之间的相互认同。翦姓维吾尔族现在不仅通过修族谱、维修祖先的墓地等方式来维持翦姓族人内部的认同，同时也从新疆请维吾尔族志愿者来传授维吾尔族语言、文化，还积极参加各种国际或国内范围的相关维吾尔族学术交流等活动，以期与遥远的主体维吾尔族保持互动与认同上的同一性。

湖南维吾尔族特殊的历史发展历程、目前群体的行为模式以及所表现出来强烈的民族认同感引起了笔者对民族认同的思考，即民族意识的产生与延续，是由于客观上各民族文化传统不同而促成？还是主观上人们有意识地在不同人群间划出界线？抑或是两者兼而有之？这是国际人类学、民族学界多年来讨论的一个热点，[①] 而我们在湖南翦姓维吾尔族中所做的调查，似乎有助于更好地认识这个问题。

① 杨圣敏：《探索民族问题的本质》，见关凯：《族群政治》，中央民族大学出版社，2007 年。

第一章　田野点概述

第一节　田野点概述

一、枫树乡

地理位置：枫树维吾尔族回族乡隶属于湖南省常德市桃源县，位于桃源县东部，地处东经28°30′，北纬108°38′，东与陬市镇毗邻，南和车湖垸乡、青林回族维吾尔族民族乡隔水（白洋河）相望，西与浯溪河乡接壤，北与漆河镇山水相连（图1－1）。地势自西北向东南倾斜，西北系丘陵区，东南则是平原低洼地，形成八湖平原，土地肥沃，资源丰富。年平均气温16℃左右，年降雨量1600毫米。

枫树乡政府驻公路村，距桃源县城15公里，距常德市约20公里。境内有沅水支流白洋河，流经8个村，注入沅水，全长11公里。交通便捷，枫树乡距离石长（石门—长沙）铁路13公里，距桃花源机场22公里，常张（常德—张家界）高速公路5公里，省道1848线穿越全境，1801线经过金鸡山村，并已铺设村级公路130公里（图1－2）。

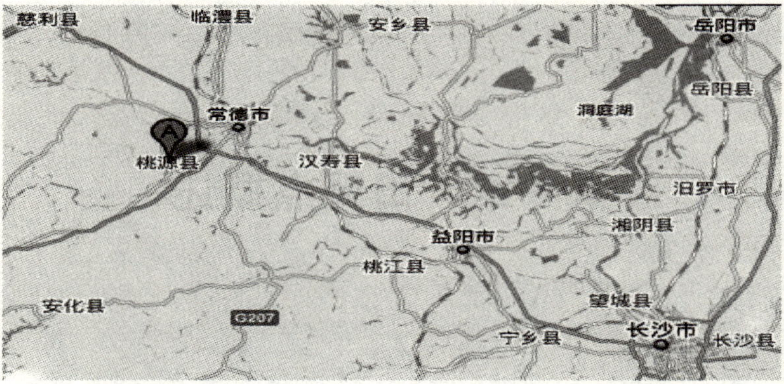

图 1－1　桃源县在湖南省的地理位置①

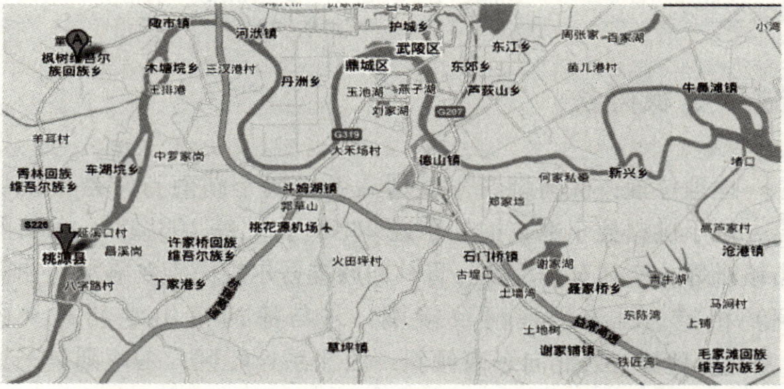

图 1－2　桃源县枫树乡的地理位置②

历史沿革：枫树乡得名于此地曾有大量的枫树，夏绿秋红。中华人民共和国成立前，这里分属陬市镇、浯溪河乡。新中国成立后设田河、黎家坡、桐岭、大家滩、枫树、巴溪、庄家桥、金

① 湖南常德市桃源县地图，http：//ditu. google. cn/，2010－3－18 访问。

② 湖南省桃源县枫树乡地图，http：//ditu. google. cn/，2010－3－18 访问。

鸡山8个小乡，属于桃源县第三、第四区。1956年撤区并乡，1958年属东风公社。1961年缩小公社辖区，建枫树公社。1983年撤社，建枫树乡，1986年10月，经湖南省人民政府批准，撤枫树乡，成立枫树维吾尔族回族乡。

土地与人口：全乡土地面积58.95平方公里，耕地面积42075亩，其中水田31645亩，旱田10430亩，山地面积20260亩。全乡下辖23个村，239个村民小组，8275户，3.2万人，其中维吾尔族7688人，回族2316人①。枫树乡是我国除新疆外最大的维吾尔族聚居地，在下辖的23个村中，维吾尔族均有不同程度的分布，其中以回维、黎家坡、江家堉、金鸡山、老井、新屋岗、仙坞和南岳村为最多。因此，枫树乡又被称为“维吾尔族第二故乡”。

二、回维村

回维村（图1－3）位于枫树乡的东部偏南，东临陬市镇；北与枫树乡的新屋岗村、黎家坡村相邻；西与仙坞村和公路村相邻，距常德市区20公里，距桃源县城15公里，距枫树乡政府驻地公路村1公里，离常张（常德—张家界）高速公路5公里。回维村的交通便利，省道226线从回维村中穿过，是长沙、常德、慈利等地去往桃源县城的必经之路。但2009年初长桃（长沙—桃源）高速公路通车后，有些客运汽车绕过在回维村中穿过的省道，直接从桃源县城上长桃高速公路。因此，将来从回维村中穿过的省道可能不会如目前忙碌。

回维村拥有耕地面积1758亩，其中水田面积1691亩，旱田面积67亩。总体看，平均每人1亩多田。因各小组的人口不同，

① 引自2006年的枫树乡政府统计资料。

各小组的耕地数人均也不太一样，但基本可以维持在人均1亩田的状况，有极个别小组，如8组平均每人只有7~8分田。

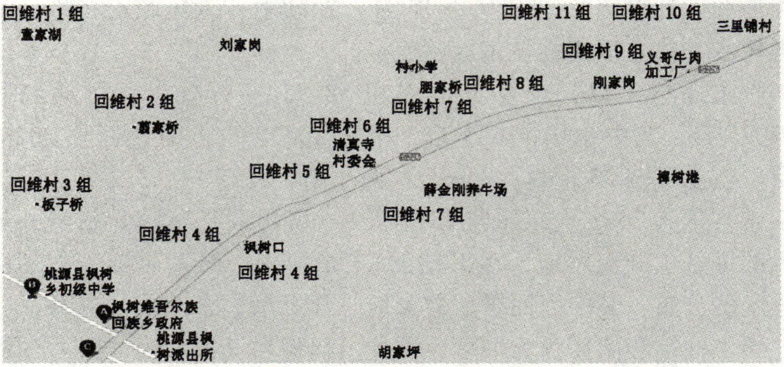

图1－3　回维村地图①

回维村下设11个村民小组，据村会计介绍，村中共有419个农户，实际人口1546人，分别为维吾尔族（均为翦姓）、回族、汉族和土家族。其中维吾尔族987人，占村总人口的67.8%；回族452人，占29.2%；汉族103人（均为童姓），占7%；土家族4人。回维村各小组的具体民族分布、姓氏以及宗教信仰参见表1－1。此表系根据回维村的户口簿登记情况得来，村会计一再解释说这是个旧的版本，最后一次更新时间约在2006年，虽说与目前村中实际情况有些出入，但仍可以反映出总体情况。

① 此图系在湖南省桃源县枫树乡地图（百度地图：http：//map. baidu. com/，2010－3－18访问）的基础上，根据笔者的实地调查，将回维村各村民小组、主要单位及设施标记在地图上，从而获得较详细的回维村地图。

表 1－1　回维村各小组的主要姓氏、民族以及宗教信仰状况

组	总户数	姓氏						民族分布			信教状况	
		翦	回族（主要姓氏）			汉	其他	维吾尔族为主	回族为主	汉族为主	反教	未反教
			马	黄	薛	童						
1	31	13				17	1			√	√	
2	18	17					1	√				√
3	49	41		3			5	√			√5 成	√5 成
4	39	33		5			1	√			√5 成	√5 成
5	33	25		2	2		4	√				√
6	44	33	1	3	4		3	√				√
7	34	3	1		30				√			√
8	43	40		3				√			√	
9	41	30			1		10	√			√	
10	25	25						√			√	
11	45	29	4				12	√			√	
共计	402	289		59		17	37				约 174	约 115

从表 1－1 可见，回维村的姓氏以翦姓为主，其次为薛（回族）、黄（回族）、童（汉族）等姓氏，其他的姓氏，因户数有限在此未详细统计。在 11 个村民小组中，1 组以汉族为主，但维吾尔族家庭仍可占到总小组 42% 的比例；7 组以回族为主（主要的姓氏为薛，以前曾叫“薛家老屋”），仅有 3 户为维吾尔族家庭；其他村民小组均以维吾尔族家庭为主。在宗教信仰上，1、8、9、10、11 组的村民是不信仰伊斯兰教的，也就是族人们所说的“反教”了的；3 组和 4 组至少有一半（有的村民说“反教”的占到五成，也有的说已达到八成）以上的家庭是“反教”的；没有“反教”的，也就是仍信仰伊斯兰教的只有 2、5、6

组。

图 1-4　回维村维吾尔族村民

图 1-5　回维村回族村民

经济发展：从枫树维回乡人民政府办公室（2008 年）的资料看，回维村 2007 年人均纯收入 3800 元。村里有养殖、孵化、牛肉加工等产业，全村现已创办了集种、养、销一条龙的种草养牛示范小区 1 个，可以饲养优质肉牛 520 头，年出栏肉牛 1000 头；新建了一个占地 2.5 亩、15 个牛羊清真点屠宰场，可年屠宰牛 8000 头以上；孵鸡业以 10 组为中心，有 39 个专业孵化户，年孵化能力过 2000 万羽，是年产值达 1500 万元的家禽孵化基地。同时全村建有沼气池 60 口，自来水入户 200 户，有线电视覆盖率 90%，电话入户率 100%。

村民教育：回维村村民受教育的程度较高，一般是初中以上文化程度。回维村有一所小学即枫树乡中心小学，著名的历史学家翦伯赞曾在此中心小学读书。枫树乡的中心中学虽在公路村，但是离村子只有 1 公里之遥。村中每年都有考出去的大学生，如 2009 年有一位 11 组的回族女孩考到中央民族大学的宗教学系；

同时村民的子女攻读硕士的也大有人在，如2组一户村民的孩子在中南大学读理工类硕士。据村里童会计介绍，“具体没有统计过，但是每年都有，仅2008年考上大学的大概有六七个。”回维村近1500人中有本科文凭的45人，大专文凭的38人，高中毕业生313人，15～30岁人群中，99%为初中毕业，小学生入学率100%。同时，枫树乡的教育在县里一直名列前茅，2001－2005年四年中，枫树乡就有40多名学生考入清华、北大、国防科大等著名高等院校。

第二节　湖南维吾尔族的分布

根据2000年的人口统计，湖南维吾尔族人口共有7939人，其中主要分布在常德地区，尤以四个民族乡，即桃源县枫树维吾尔族回族乡、青林回族维吾尔族乡、汉寿县毛家滩回族维吾尔族乡和鼎城区许家桥回族维吾尔族乡为最多（表1－2）。同时常德地区的其他地方也有维吾尔族的零散分布，如陬市、尚治等地。

表1－2　2006年湖南省四个维回（回维）民族乡人口基本情况

单位	民族乡成立时间	全乡总人口	维吾尔族（人）	回族（人）
枫树	1986年10月	30523	7668	1041
青林	1986年10月	24477	3050	5320
许家桥	1984年12月	20783	173	8342
毛家滩	1987年12月	25574	128	8007

资料来源：摘自热希丹：《湖南维回（回维）民族乡经济社会发展的调查与思考》，载《民族论坛》，2008年第2期。

湖南省境外翦姓维吾尔族人口较为集中的地方是河南省长葛市尹家堂。他们是在清朝时从翦家岗迁居河南长葛，具体迁出的原因不详，族内有几种说法（见第五章第三节）。目前河南长葛共有维吾尔族人口700人。他们认祖归宗后，也就是与湖南维吾尔族联系确认后，于1996年经有关部门批准更族名为维吾尔族。除了河南有相对聚居的翦家族人外，其他省市也有翦氏族人的踪迹，并且台湾也有翦氏族人。从四修族谱的捐赠人看，八代三房翦凝达，八代五房的翦万君，五代二房翦万洁、翦凝宏均定居台湾。

湖南维吾尔族在全国的分布情况亦可从《翦氏族志（四修)》的编委会于1995－1996年间所进行的调查窥其一二。调查结果显示，居住桃源县内的维吾尔族主要分布在回维、仙坞、金鸡山、江家堉、观山岭、莫溪堉、南堉、海家溶、三里铺、黄花桥、明月山、漆河等地。居住在桃源县外的主要分布在常德市、汉寿县毛家滩、鼎城区许家桥、龙山县、桑植县、大庸市和河南省长葛市尹家塘。此外，在省内的长沙、湘潭、株洲、衡阳、岳阳等地及省外的北京、天津、武汉、广州、深圳、四川、台湾等处亦有零星居住。[①]

综上，湖南维吾尔族主要分布在湖南，尤其集中于以上所述的四个民族乡，但现在随着湖南维吾尔族每年高考考入大学的学生和外出打工村民的不断增多，他们向全国各地的迁移日益频繁，甚至有翦家族人流向国外，如陬市三里铺的一位村民的女儿正在法国读书。因此，湖南维吾尔族（翦家族人）正逐渐打破历史上以回维村为主要聚居的历史状况，即从祖居地翦家岗渐渐形成现在的四个民族，并且逐渐向全省乃至全国扩散，这是现代背景下人口流动不可避免的结果。

---

① 马善平编：《桃源县民族宗教史》，中共桃源县委统战部、桃源县民族宗教事务办公室刊印（这是一本内部书，并没有出版社），2004年，第18页。

第二章 湖南维吾尔族的历史形成

湖南维吾尔族是“西维南居”的历史结果。他们的始祖早在13世纪时就离开了高昌回纥迁徙内地，几经辗转，最终于明朝初年定居桃源县枫树乡翦家岗，即现今的枫树乡回维村，也就是说，自13世纪始，他们与新疆维吾尔族就有着完全不同的民族发展历程。因此，在关注湖南维吾尔族的历史形成时，有必要将新疆维吾尔族的形成与发展做一简要说明，以便对比两者在民族发展过程中的殊异，更好地理解他们现今的文化模式、两者的文化区别以及湖南维吾尔族民族认同的模式与特点。

第一节 新疆维吾尔族的族源与形成

“维吾尔”是维吾尔族的自称，有“联合”、“团结”之意。据《新疆年鉴（2008）》的统计显示，2007年的新疆维吾尔族人口为965万。其中大部分维吾尔族居住在天山以南的南疆地区，也有少数居住在北疆的伊犁、塔城、乌鲁木齐等地区。

针对新疆维吾尔族的族源追溯以及历史形成过程，学术界目前仍没有定论。但目前获得较多证据支持和国际学术界认可的是合流说，主要以杨圣敏教授和耿世民教授为代表。合流说在承认维吾尔族多元组成的同时，主张维吾尔族的族源主要分为东、西两部分。东部民族由蒙古草原的游牧民族组成，主要是回纥人，以及后来迁来的契丹人、蒙古人；西部民族是指居住在南疆绿洲的原住民，他们是公元前2000年至公元前1000年从中亚河中地区迁来的塞人。合流的时间约为840年，而现代意义上的维吾尔族则是在1513年叶尔羌汗国统一塔里木盆地时形成的。[①]

一、合流前（840）东、西两部族的发展

合流前，来自东部的部族主要是回纥（袁纥或韦纥）人，在时间上他们不仅可以上溯到南北朝时期的高车，两汉时期的丁零，更可以追溯到春秋时期的赤狄，这一点学术界的看法基本一致。[②] 最早在甲骨文和金文的记载中，狄在公元前2000年左右居住于鄂尔多斯地区。以后向东、南方向发展进入今山西、陕西、河北北部、内蒙东南部和辽宁一带，并与诸华夏部落商人、周人毗邻而居，为了争夺生存空间，双方争战了几百年。到了公元前11世纪，周朝灭商后，集中力量打散狄人，致使狄人中的大部分融入中原。其中有一支狄人——赤狄向北经蒙古草原进入南西伯利亚的山谷和森林之中。此后见有历史记载。

公元前4—3世纪，蒙古草原上出现了一些被汉文史书称之为“丁零”的游牧部落。他们活动在东起大兴安岭，西至咸海，甚至到达伏尔加河，南到蒙古草原，北到南西伯利亚的原始森林的广大地区。丁零先后处于匈奴（公元前4世纪中叶）、鲜卑（2世纪）和柔然（380年）的统治之下。3世纪以后，丁零被称为敕勒、铁勒或高车。到了6世纪时，东部铁勒中有韦纥，或称为回纥。552年，铁勒部落的一个氏族——阿史那氏灭了柔然汗

① 杨圣敏：《回纥史》，吉林教育出版社，1991年，第161页。

② 魏良：《维吾尔族起源形成和发展问题再思考》，载《民族学研究》1999年第4期。

国，建立了突厥汗国，回纥则是突厥汗国的一个附属部落。到744年时，回纥在唐朝的帮助下，打败了后突厥汗国建立了回纥汗国。

到了840年时，回纥汗国被北边的黠戛斯部，即柯尔克孜人祖先所灭，其部众分三支西迁。一支迁至今新疆西部至中亚楚河河畔，为葱岭西回鹘；一支迁往今吐鲁番盆地，称作高昌回鹘或西州回鹘；一支迁河西走廊一带，称河西回鹘。高昌回鹘和葱岭西回鹘均建立了地方政权，分别是喀喇汗王朝和高昌汗国。[①] 他们与居住在南疆、操印欧语言的部族以及先前已在此地居住的汉人、羌人、吐蕃人、原西部铁勒遗民，加之后来又陆续迁来的契丹人、蒙古人长期融合，大约到了明代（1368—1644）时形成了今天意义上的维吾尔族。

西边的部落，或者说西边的土著人主要是公元前2000年，从中亚农业居民中分化出来的一部分。中亚河中地区的原始居民属于原始农业文明，在公元前4000年时曾建立安诺文明。他们是白种人，语言属印欧语系伊朗语族。在公元前2000年时，中亚农业居民的一部分人北上进入锡尔河以北的草原，成为游牧民族，接着他们向东、西、南三方迁徙，迁徙时间长达1000年。其中南下的一支占据了印度半岛，向西南迁徙的进入西亚两河流域，东进的一支则进入准噶尔盆地、塔里木盆地，与西迁来的回纥人融合成为现在的新疆维吾尔族。

二、合流后（840—1513）

合流主要指东西两部族人在新疆相遇，并不意味着一个民族的形成。因为，东西两部分居民并没有形成共同的民族心理意

① 杨圣敏：《中国民族志》，中央民族大学出版社，2003年，第145页。

识，人们只是忠于自己的区域和宗教，没有统一的民族概念。如果说，合流的历史提供了维吾尔族形成一个民族的契机，那么西迁（即合流）后的历史则是他们形成统一民族必不可少的条件，主要表现为语言的突厥语化和宗教信仰的伊斯兰化。因此，维吾尔族真正成为一个民族是在漫长的历史进程中形成的。

（一）语言的突厥语化

840 年，塔里木盆地的人种、语言、生产方式和风俗习惯等与漠北的回纥或广义上的突厥截然不同。但是突厥语化的进程却远早于 840 年，因为，公元前的乌孙、匈奴就曾在北疆活动。据推测，乌孙人可能说突厥语。大约在公元前 2 世纪以后，匈奴人控制了南疆。由于匈奴的语言和文字已经消失，成为一种死语言，所以目前无法下定论。铁勒最早到达新疆的记载是 492 年。蒙古草原东部的高车副伏罗部十万帐，西迁到今准噶尔盆地东部，建立高车王国（492－546），它控制了吐鲁番、哈密、焉耆和于阗等绿洲。随后西突厥打败了高车王国控制了南疆，并强迫各绿洲的人们在服饰和官职名称上从突厥习俗。西突厥在 657 年被唐朝所灭，突厥化的进程被打断，这种情况一直持续到 840 年。

840 年西迁的回纥在今新疆的东、西两端建立了两个王国，分别是高昌（吐鲁番）回纥王国和葱岭西的喀喇汗王国，拉开了回纥人大规模进入新疆的序幕。处于两个回纥王国中间的和田绿洲是土著人在公元前 3 世纪建立的于阗国，他们有自己的传统文化和语言，成为南疆突厥语化的严重障碍。高昌回纥王国和喀喇汗王国首先在自己的疆域内实现了突厥语化，接着又逐步扩大自己周围的疆域，最终喀喇汗王国在 1009 年打败于阗国，宣布了于阗国的灭亡。这样回纥人就成为整个塔里木盆地的统治者，土著人的语言和文字逐渐消失，渐渐实现整个地区的突厥语化。

（二）宗教的伊斯兰化

语言的突厥语化（1009）仍没有使他们成为统一的民族。以喀什为中心的喀喇汗王国信奉伊斯兰教，以吐鲁番为中心的高昌回纥则信奉佛教和摩尼教。1125 年，被金打败的辽国契丹人西迁进入葱岭西，在中亚两河地区建立西辽政权。高昌回纥和喀喇汗王国成为西辽的属国。1209 年，高昌回纥杀西辽的监国，投奔蒙古。此后，高昌回纥成为蒙古大汗国的地方政权。1211 年西辽为蒙古所灭，从此新疆及中亚地区全部纳入蒙古大汗国的统治。截止 1225 年成吉思汗已基本征服黑海以东地区，他把新占领的地区划分成许多封地，分封给他的三个儿子作世袭领地。长子术赤封于钦察、花剌子模和康里国故地，建都萨莱，称为钦察汗国（亦译金帐汗国），次子察合台封于西辽和畏兀儿故地，建都阿力麻里，称察合台汗国；三子窝阔台封于乃蛮故地，建都叶穆尔，称为窝阔台汗国；幼子拖雷领有蒙古本土。①

在此划分格局下，今新疆大部分地区归属于察合台汗国。察合台汗国（1270－1368）存在近百年的时间，后于 1368 年崩溃，自此南疆分裂成大小不相统属的小王国，但仍由察合台的后裔统治。这样混乱的情形一直延续到 1513 年，察合台后裔赛依德汗以喀什为中心，以伊斯兰教为旗帜打败新疆最东部的一个绿洲——哈密，实现整个塔里木盆地的统一，建立赛依德汗国，又称为叶尔羌汗国。叶尔羌汗国的建立标志着持续 500 多年的宗教斗争最终以伊斯兰教战胜佛教而告终，实现了南疆的伊斯兰化。至此，人们的民族意识逐渐形成，狭隘的地区、宗教心理扩大成了民族心理，现代意义上的维吾尔族得以形成。因此，现代意义上

① 杨树森、穆鸿利编：《辽宋夏金元史》，辽宁教育出版社，1986 年，第 264 页。

维吾尔族的形成是在1513年。

三、维吾尔族族名的确定

虽说，现代意义上的维吾尔族形成于1513年，但是直到1934年4月12日，盛世才主持的新疆省政府仿效苏联的民族划分正式宣布废除清代“缠回”的称呼，改用维吾尔作为族称。[①] 在此之前，维吾尔族在不同的历史时期有不同的汉译族名。如北魏时的“袁纥”；隋朝时的“乌纥”、“韦纥”；唐宋和五代时的“回纥”、“回鹘”；元朝时，增加了“辉和”、“畏兀儿”等称法。在1510年代，塔里木盆地东端的古代畏吾儿人，在最后放弃佛教信仰而皈依伊斯兰教的同时，也放弃了被各支突厥语的穆斯林用作“异教徒”代指的畏吾儿这一族称。以后大约300多年，“畏吾儿”不再是一个在现实中存在的人们群体，它只是一个历史名称。[②] 因此，也就是在明清时期将凡信仰伊斯兰教的人统称为“回回”或“回部”，但有“关内回”与“关外回”的说法，“关内回”指的是现在意义上讲汉语的回族，“关外回”指的是操突厥语的穆斯林，其中包括新疆的维吾尔族；清朝末期和民国初年，维吾尔族用“威武尔”称呼自己，他称仍为“回部”或“缠回”。

① 王建民：《新疆民族族称与族群认同》，载周大鸣主编：《中国的族群与族群关系》，广西民族出版社，2002年，第315页。

② 姚大力：《回回祖国与回族认同的历史变迁（一）》，载《中国学术》2004年第1期。

第二节　湖南维吾尔族的历史形成

湖南维吾尔族的历史始发于回纥西迁之后的高昌回纥，以目前家族历史记载看，应该从1209年，即高昌回纥杀西辽的监国并归顺蒙古说起。

一、历史回顾

湖南维吾尔族始祖哈勒是高昌回纥人。12世纪时，高昌王国处于西辽的统治下。由于高昌王不满西辽的统治，同时又考虑到铁木真的气势，于是亦都护，即高昌王，密谋杀死西辽的监国，当时身为高昌都督的哈勒亦是参与者之一。杀死西辽监国后，哈勒随同亦都护觐见铁木真，表示归顺。后因为哈勒英勇善战，屡建战功，被元太祖封为折冲将军，成为元太祖成吉思汗统帅下的一支伊斯兰军的首领，其后代在元朝世袭为官。这段历史在翦家第十六世祖翦山胜于清同治三年（1864）所写的《回部世系源流》（现保存在湘潭图书馆）中有所提及："翦氏本姓哈，宋帝昺时，大元灭金，已有代宋之意。分派众文武统帅，帅旅四路剿扫，哈勒率师攻灭西零部落四五处，官封折冲将军。元帝以厥。"① 依此推断，翦氏家族是西域的望族，后被元帝封为折冲将军。

依家族记载看，湖南维吾尔族迁居湖南桃源在元末明初。14世纪中叶，元亡明兴，明太祖朱元璋启用了元朝的部分文武官

① 见《翦氏族谱》（三修），于"民国"十一年修谱。

员，并将哈勒将军的后裔哈勒·八十委以燕京都总兵一职。因此，八十加入反元兴明的行列中，并跟随明朝将领李文忠、徐达、常遇春、胡大海、蓝玉等人征战，攻大同、取应昌，屡立战功。明太祖为了嘉奖八十的功绩，赐姓“翦”，寓意为剪除敌对势力，更名“八十”为“八士”，时为洪武四年（1371），这就是湖南维吾尔族得汉族姓氏的来历。同时朱元璋将义女吐叶公主（邓愈之女）赐予哈勒·八士为妻，即翦家族人所说的朱氏夫人。一方面，朱元璋念哈勒·八士的功绩，一方面又担心他心系西域，重投蒙古统治者，于是在洪武五年（1372），朱元璋封哈勒·八士为荆襄都督，晋封为镇南定国将军，加太子太保衔，镇守湖广辰常一带。明洪武十六年（1383），朱元璋又晋封哈勒·八士为太子太傅，诰授光禄大夫。明洪武二十一年（1388 年底）八士死于军中。奉旨葬常德东关外黄龙岗，今常德市酒厂所在地。

哈勒·八士之子拜着，从小习武，于洪武十四年京都比武，朱元璋亲授武状元，封荆襄都督府总兵。八士死后，其子拜着袭荆襄都督。洪武十八年（1385），奉旨讨五开、遭敌，克之。洪武二十二年，奉旨进讨云贵，屡建战功，论功晋靖边将军，加太子太傅，诰授光禄大夫，在班师时落入陷阱，不幸身亡，奉旨与父同葬于常德东关外黄龙岗。哈勒父子的墓地由于常德市酒厂的扩建（1966），最初迁回葬在原清真寺附近，后在 1993 年枫树乡清真寺重新落成时，移至清真寺院内。

拜着死后，明朝统治者念其父子“安邦定国有功”，乃命其子孙世袭常德卫正指挥使，仍率“翦旗营”官兵屯田常德、辰州、桃源一带，戍守武陵。并敕建“荐德楼”于桃源县之东四十里新兴乡后眷村（亦有写作“后卷村”），后毁于一场大火；敕“镇南堂”于翦家岗，清朝初年更改为翦家祠堂，后于 1966 年拆除；“忠勇坊”敕建于碑楼岗，现已不见踪迹，且未见族人有关其详细记述；“镇南经殿”敕建于枫树口以西五百五十步外，即现枫树乡清真寺前身；朱元璋御笔亲题“威震南方”的牌匾悬挂在镇南堂内以示纪念。目前这四处建筑仅存清真寺，清真寺亦是在“镇南经殿”原址附近于1993年重新建成。“威震南方”的牌匾依照原样重新用大理石制成后和祖先墓一起置于清真寺院内。

拜着生有二子，长子常蒲，次子常黎。拜着死后，常蒲袭常德卫正指挥使一职。但常蒲不愿为官，辞官北归新疆，定居库尔勒尉犁县，其中跟随八士征战来桃源的回回将士也有部分同常蒲返回原籍。常黎乐于常、桃山水，遂定居下来，至此，拉开了“西维南居”的历史。常黎原是总兵，其兄北归后，明永乐二年（1404）奉旨晋封常德卫正指挥使，诰授中宪大夫，给田30顷。副将八名：马德成、王七千、薛守仁、李五十六、黄有德、郭季大、李公茂、刘尚义，外给养军田720亩。

常黎生有二子，长子原狄、次子顶狄。原狄长子成，成的长子祥，祥的长子锭，均世袭常德卫正指挥使一职。锭的长子相，开始沿袭文职。明成化三年（1467），“武陵郡库被劫，指挥使翦相率卫所千户黑里光星夜带兵追贼至德山柳林，失机，千户中弹身亡，众贼潜逃无踪；明宪宗命翦相限期捕获，期满未获。成化五年（1469），翦相被降职为常德卫左所千户。以后相的长子应朝，应朝的长子戎，戎的长子崇德相继世袭常德卫左所千户”①。自此以后，失其官爵，维吾尔族人民（翦家族人）或力田为农、或服贾为商、或读书为仕，子孙繁衍，兴旺发达。

截止于2009年，湖南翦姓维吾尔族已繁衍到28代（当地村民的推算），人口逾万人，延续迄今已630多年。

---

① 陈遵望、见闻：《湖南维吾尔族》，岳麓书社，1994年，第3－7页。

二、身份的赋予：民族认定

新中国成立后，通过国家的民族识别，翦家族人被认定为维吾尔族。[①] 在此之前，由于翦家族人迁居桃源枫树已有600多年，长期处于不同于西域的自然环境与人文环境之下，翦家族人最初的文化模式已发生变化，尤其是有些族人在历史发展中渐渐放弃了伊斯兰教的信仰，改变了宗教信仰，信仰了汉教，即道教，也就是族人们所说的“反教”。因此，出现了以客观文化作为区分标准的两个民族，即反教的族人由于信仰“汉教”而自称和他称为汉族；没有反教的族人则与回回将士的后人保持着世代通婚的传统，他们自称和他称为回族。所以，民间一直流传着“吃肉的就是汉族，不吃肉的就是回族”的说法以及判断标准。

这种状况一直持续到新中国成立。即便是汉译“维吾尔族”于1934年在新疆正式使用，翦家族人对外界来说仍是以回族、汉族自居，没有人将他们与维吾尔族联系在一起。但是，为何新中国成立之后，将他们认定为维吾尔族，这其中有必然的因素，即历史记忆和国家实施的民族识别政策的结果；但同时也有族内名人——近代著名历史学家翦伯赞的个人影响。

翦伯赞的《我的姓氏，我的故乡》一文发表于1945年，此文章是为了驳斥蒋介石的《中国之命运》而作，虽说他要表明的是历史上长期以来各民族为争取中华民族的自强而并立（原文引用）斗争，指出中华民族是由汉族和各少数民族组成的。[②] 但

---

① 经过笔者走访、问询当时参加民族识别工作的老教授，均表示对翦家的民族识别过程不太清楚，并且有学者认为，当时湖南维吾尔族并没有进行民族识别，因为人口少，并且由于翦伯赞的影响，所以就将翦家族人认定为维吾尔族。

② 马善平编：《桃源县民族宗教史》，中共桃源县委统战部、桃源县民族宗教事务办公室刊印，2004年，第31-32页。

是，他作为一位有社会影响的人，他将翦氏族人的历史展现在世人面前，将其祖先追溯为“西夷之人”，而恰恰是他的这篇文章使得“毛泽东主席在共和国成立前夕向我问过翦氏来历，他赞同我的综合”，[①] 进而为新中国成立后国家对翦家族人的民族识别铺平道路。

正缘于此，新中国成立后，在国家民族识别政策的指导下，于1951年8月及1952年5月，省、地、县统战部、民族工作部门派人员赴桃源、常德、津市等地对翦家族人进行民族成分调查，确认710户、3319人为维吾尔族。其中，桃源县640户、3066人，常德市49户、172人，常德县10户、42人，津市11户、39人。[②] 自此，翦氏族人不再以回、汉自居，而统一于维吾尔族族名之下。

第三节 “身份”之争

一、姓氏的争议

有关湖南维吾尔族的翦姓来历存在较大争议。有学者认为翦姓并非皇家赐姓，只是来自剪家溪的“剪”字，后因不雅更名为“翦”。持此观点的主要是湖南省社科院文史研究所所长何光

---

① 翦伯赞同志1956年回乡考察座谈会纪录，载陈遵望、见闻：《湖南维吾尔族》，岳麓书社，1994年，第12页。

② 李昌俊、彭继宽主编：《湖南民族关系史》（下），民族出版社，2006年，第45页。

岳。

何光岳曾以湖南省图书馆署名撰文《桃源翦氏由来考——兼评〈湖南维吾尔族〉》，文中提出“翦氏”源于“剪氏”之说。[①]文章围绕“翦”姓来源提出四点质疑：一、关于“赐姓”，《翦氏族志》自存歧义。有的记载为元帝因哈勒“厥功最懋改赐姓曰翦”（见三修族谱中的《回部世系源流》——笔者注）；而又有明太祖因哈勒·八士“屡建奇功”，而赐姓为翦之说（见于所有的现代表述和家谱的谱序中）。二、清道光年间的《桃源县志》在《剪八士传》中只字未提赐姓之事，且姓氏的书写仍为“剪”而非“翦”，在《常德府志》中也是用“剪”字代其姓氏。作者指出志书姓氏用字绝对不会用俗字，因此，最初的姓氏只能是“剪”，而非“翦”。三、如果“翦”姓为皇家赐姓，那为何后来却多次用“剪”而不用皇家赐的“翦”字呢？所以，即使是元帝或明太祖赐姓，也只能是“剪”，“翦”为剪氏后人所改无疑。四、作者指出翦家最大的官可能就是左千户，根本无法享受到皇帝赐姓的荣誉。明嘉靖十七年（1538）、清康熙九年（1670）的《常德府志》载，常德卫指挥史一职并无翦姓族人，如果翦氏五代人世袭常德卫正指挥使，《常德府志》绝对不可能没有记载，而且《湖南通志》也必然会有记载。《常德府志》载有“左千户所，翦成，固安人，成化年任；翦祥，固安人，成化年任；翦锭固安人，正德年任。”这样看来，翦家最大的官也就是左千户。因此，作者推测，此姓氏最初得自于当地的剪市和剪家溪地名，翦氏初为剪，后因“剪”字作姓氏用字不雅，就改为“翦”。到现在为止，湖南有些地方“翦”、“剪”同时作为姓氏用字，如华容县就有剪姓。何时改“剪”为“翦”？从时间上

---

① 湖南图书馆/首页/湖南地方文献丛谈，http：//www. library. hn. cn/dfwxct/wz/tyjxylk. htm，2009 - 12 - 15 访问。

看，最早也在清道光三年以后，因为清道光三年的《桃源县志》出现的仍是“剪八士”、“剪败着”，所以，此“翦”并非皇家赐姓。

有关哈勒及其后裔哈勒·八士到底是怎样或何时得此“翦”姓，虽质疑的学者有之，并且翦家族谱中记载的赐姓时间也有自相矛盾之处，但目前似没有更多的历史文献资料可供考证。

二、对先祖哈勒的考释

中国社会科学院的热依汗·卡德尔试图对哈勒·八士的祖先哈勒其人进行考证。在她的文章《对湖南常德桃源维吾尔族高昌先祖哈勒的几点考释》中，她试图找到那个与高昌回鹘王国亦都护一起斩杀西辽监国，并陪同亦都护觐见成吉思汗的那个哈勒。结果是：从《蒙古秘史》、志费尼的《世界征服史》、拉斯特的《史集》、《圣武亲征录》到《元史》，她都没有找到翦氏族人的先祖哈勒本人。作者虽然也从《高昌璘氏家传》、《沙溪璘氏宗谱》以及《普氏家乘》等族谱中找到与哈勒的年代、事迹相近的仳俚伽普华一人，但仍然有诸多难以吻合之处。[①] 所以对湖南常德桃源维吾尔族先祖哈勒其人的考释仍难下结论。

单就“哈勒”来说，笔者认为，更多源于当时的部族名称。在1513年前，也就是高昌回纥没有信奉伊斯兰教之前，人们并不采用父子连名制，他们有自己的姓氏。他们的姓氏来自于他们的户族或氏族名称。因为与维吾尔族同源的裕固族，他们的姓氏正是来源于户族名称。裕固族有10个部落、29个户族，因此也有29个姓氏，如裕固族中“杨”姓则源于部落名称“药罗葛”

① 热依汗·卡德尔：《对湖南常德桃源维吾尔族高昌先祖哈勒的几点考释》，载《中央民族大学学报》（哲学社会科学版）2007年第3期。

氏族。回纥同样有“外九姓”、“内九姓”以及“十姓回纥”之说，而“九姓”是指来自于地名（河名）的部落名。[①] 所以，笔者认为，哈勒作为姓氏，更可能是氏族的名称，而这位哈勒将军更可能是该氏族中具有一定地位和影响力的人，被他人简称为哈勒。

有关哈勒，也有学者认为在元朝时就已留守湖广一带。如有学者写到，高昌畏兀儿的部分族人东徙，大约始于元朝中期，也是逐渐形成的。《元史》记载：高昌王帖木儿补化时，奉命于元英宗至治（1321－1323）时，兼领“甘肃诸军，仍治其部”。至泰定帝（1324－1328）时，始奉命“与威顺王宽彻不花、宣靖王买奴、靖安王阔不花分镇襄阳。俄拜开府仪同三司、湖广行省平章政事”。文宗天历元年（1328），召回大都，“拜开府仪同三司、上柱国、录军国重事、知枢密院事。明年正月，以旧官勋封拜中书左丞相。三月，加太子詹事；十月，拜御史大夫。其弟□吉乃以让嗣为亦都护高昌王”。帖木儿补化北上大都，其部属则继续留在湖广一带戍守，翦伯赞的远祖哈勒即作为一个重要军事首领被留了下来。所谓“举族内迁”，实即此事。[②]

三、对祖先宗教信仰的质疑

当年哈勒·八士本人是否信奉伊斯兰教亦是一个有争议的问题。

据《桃源县民族宗教史》记载，伊斯兰教始于明朝初年，随着伊斯兰军南征湖、广而传入桃源，迄今有630余年；同时亦

① 钱伯泉：《维吾尔族的族源及其先民的西迁》，载《西域研究》1996年第3期。

② 张传玺：《翦伯赞传》，北京大学出版社，2006年，第7页。

提到哈勒在征讨云南时接回“古兰经”，请阿訇并在驻扎常德后修建临时的讲经殿等事情。[①] 在翦家的三修谱的墨谱序中也写到：“我始祖，教本清真，原发脉于回回”，类似于此的叙述在翦家族谱的序言中随处可见。而明初哈勒·八士与蓝玉、常遇春等人结缘很大程度上也是缘于他与常遇春和蓝玉等人的共同宗教信仰。所有这些似乎都表明了哈勒·八士本人的穆斯林身份。因此，在目前的叙述框架之下，哈勒·八士是信仰伊斯兰教的穆斯林。

但是，当下的叙述并不能阻止人们对翦家族人先祖信仰状况的质疑。枫树乡乡长对此也有困惑。他曾与笔者说：“我以前也听有人说我们的祖先是信仰佛教的。所以，我就怀疑我们的祖先最开始是否是信仰伊斯兰教的，因为，那支迁居河南长葛的翦家族人，为何也都不信仰伊斯兰教呢？因为，他们不是八代三房的人（八代三房的人最先反教的），于理说，他们迁居河南时应该是信仰伊斯兰教的。”因此，他非常希望有学者能够考证出他们祖先的宗教信仰状况。

从时间上看，在叶尔羌汗国于1513年攻下哈密之前，高昌回纥信奉佛教，上层社会自是严厉抵制伊斯兰教的入侵。而湖南维吾尔族的始祖哈勒作为高昌的望族，在元朝迁居内地（13世纪）为官时，不可能信奉伊斯兰教。其后裔哈勒·八士，如果也是以高昌回纥的贵族作为身份标志的话，信仰伊斯兰教的可能性亦非常小，很可能在迁居北京或桃源后才改宗信仰伊斯兰教。毕竟，中间已过1个世纪，因此，在迁居北京还是在迁居桃源之后才改信仰伊斯兰教的，确已无从考证。

另一个可以提供些参考借鉴的案例是，元朝时迁居江苏溧阳的高昌偰氏家族。“偰氏家族从江苏溧阳分迁各省后，由于历史

① 马善平编：《桃源县民族宗教史》（内部资料），2004年，第3页。

上特定的社会政治环境，他们分别选择了伊斯兰教、佛教等不同的宗教信仰，最终界分出回、汉两个民族。其中于明朝初期迁徙进入云南滇西重镇姚安的明代学士偰斯后代，则全部皈依了伊斯兰教，成为云南回族中的旺姓之一。”① 由此可见，不论从历史时间看，还是从偰氏家族的后裔在明初迁徙云南后才皈依伊斯兰教的事实，同时考虑到两个家族的相似经历（迁出时间相近、迁出地相同）似可以断定哈勒家族在迁居桃源后改信伊斯兰教的可能性较大。

但有一点可以肯定，哈勒家族因受了回回军或是伊斯兰军的影响才改信伊斯兰教，而动荡的军旅生活也会影响到他们对教规教义的遵行，这就导致了他们的伊斯兰教信仰处于相对离散的状态，因此，在翦家的历史中出现族人反教事件也更容易理解。就如有的翦家族人所表示的：“我就搞不懂，为何回族没有反教的，只有我们（湖南）维吾尔族有反教的呢？”

鉴于以上种种争论与质疑，也许就如翦伯赞在《我的姓氏，我的故乡》中所言，历史中难免“挂一漏万”，所以这些细节的丢失也是不可避免的。如果有学者找出确凿的证据，那是最好，可以给翦氏族人一个交代；如果没有这方面的证据，似乎也没有深究的必要。因为，不管历史事实如何，不管他们的祖先十六世祖翦山胜的《回部世系源流》如何写就，也不管翦家子孙如何解读先辈们书写文章的历史语境，他们已然形成了“现在”，形成既定的历史书写结构。他们作为具有历史发展连贯性的翦姓家族后人，作为一个远离新疆的维吾尔族群体，在当下的存在确实是真实的，现已形成以家族为基础的维吾尔族民族心理，使他们

---

① 姚继德：《偰氏宗谱考略序》，载《回族研究》，2004 年第 3 期。严笑蓉：《寻访“沙涨”》，溧阳市局政工室，http：//www.czsga.gov.cn/html/JingJieFC/JingChaFC/JingYingYZ/2009726/0972616150744.html，2009－11－22 访问。

不论是作为原来意义上的“回”或“汉”，还是现代化背景下的“维吾尔族”都具有一致的认同模式，至于他们如何再造历史似乎又显得不那么重要了。

第三章　湖南维吾尔族现今的文化模式

要是我们能在大约一千年前去美国旅游，我们将看到些什么呢？我们会看到几百万土著居民过着一种与现代美国人迥然不同的生活。

——［美］F. 普洛格 D. C. 贝茨①

翦家族人的先祖几经辗转迁徙，最后定居桃源县枫树乡翦家岗。生息繁衍的630多年间，历经朝代更迭，从最初的高昌回纥人到现在的维吾尔族，认祖归宗可算功德圆满。但是湖南维吾尔族的文化模式却已然发生深刻的变化。尤其是清朝年间反教事件的出现致使两个不同的文化体系在翦家族人内部长期发展，所以，在当下，他们的文化模式无法像民族成分那样具有整齐划一性。

第一节　文化模式

对于个人来说，家族同时是生产、消费、教育、保险以及生活和感情的小社会。所有的生活和生产的活动，都是围

---

① ［美］F. 普洛格、D. C. 贝茨著，吴爱明、邓勇译：《文化演进与人类行为》，辽宁人民出版社，1988年，第588页。

绕着血缘的家庭、家族和地缘的乡亲邻里进行的。

——杨圣敏①

历史上客观文化特征起着标示民族、划分民族界限的作用，因此，对文化模式的关注，可以探究一个民族在历史上的存在形式以及所发生的文化变迁过程。

一、传统中的儒与道

新中国成立前，翦家族人的文化价值是儒家思想主导的，这一点从翦家族人的三修谱中得以清晰地体现。翦家族人三修谱的谱序，在叙说着家族发展繁衍的历史同时，体现的却是典型的儒家思想。如：

"谱牒之作所以纪姓氏之录，起宗支之派别，历代文治武功之发扬，宦游贸迁之辙迹，而尊卑长幼之名分于以定焉，自其狭义言之，家庭之规矩井然，宗族之纲纪然。自其广义言之，国家之治安赖以维系，社会之秩序赖以保全，此中庸所谓一家仁，一国兴仁，一家让，一国兴让。大学所谓身修而后家齐，家齐而后国治，国治而后天下平也。晚近以来，自由平等之学说风靡一时，几不知纲常伦纪为何事，有识者窃为世道忧之。吾族家乘三度续修非敢谓挽狂澜于既倒，作中流之砥柱，盖欲藉以匡救人心，整顿风纪已耳。溯我祖……贤子肖孙之克绍箕裘要，亦祖德宗功之所积累而致，虽史笔无书，典籍无存，而县志所载，宦岫所纪，亦足

① 杨圣敏：《社会稳定和谐的基础是什么——从新疆塔什库尔干地区看传统文化的社会作用》，载《中国民族》2009 年 1 月 23 日第五版。

以表扬先烈垂裕后昆……明左昭右穆之序，定千秋万世之规而已哉，其关系于国家之治安社会秩序亦綦钜矣……谨撰数言以为序。”

——民国十二年癸仲春月十八世孙恒荣庠名盖南谨撰

蓊氏家族三修谱列有原谱序、墨谱序、三修谱序等共约二十篇，所有的谱序均依此体例进行书写。在叙说编修家谱的缘由、意义以及对家族发展的期许上，无不引经据典，体现出其儒家思想的宗旨。

其次，在蓊家族谱的三修谱中，专附有山贤公，即宗贤公的《堪舆论》。堪舆，即中国古代风水，主旨是中国传统文化中“天地人合一”的思想，是中国哲学思想的体现。在蓊家三修谱中特别将《堪舆论》。“附之谱牒以遗子孙”，其目的是让族人“相其阴阳，观其流泉，立向辨方，指示安厝”以明“安亲之道”。

在《堪舆论》篇首部分，山贤公详述了堪舆之道的重要性：“今夫堪舆之道，其理深矣，仰观俯察之盛事妙化无穷，安亲福后之良图，钟灵有自，上以妥先灵，下以绵世泽人，生之贤愚不肖，寿妖穷通皆由此而基焉。斯道也，创自赤松黄石继于周公卜洛，着于景纯葬书，盛于唐宋。自元明以迄，今代有传人而实受其福者居多。何□才之论突出，绝口不谈地理者比比然矣。殊不知指南之制肇，自轩辕备，于杨郭朱蔡互相参定，以测天纪，以察地脉，以修人事，至若卜宅，兆辨方向，无非示人趋吉避凶。古往今来堪舆之书充栋，谁其会群书而折衷，试思撼龙疑龙二经，会垣局本形势而合天星，被肝铁案数篇，重形势参星局，而后方位至。杨廖诸公形势合天星而并用也，迨其后或重形势或后方位挟私鸣高，分门别户，究不知形势者阴之体，天星者阳之用，孤胆不生，独阴少工，阳资阴以生阴本阳而化，而化生之机，原不出乎太极两仪……”

由此可见，翦家族人对堪舆的重视。同时翦家族人将堪舆的思想用在家族中坟地的选址上。在翦家三修谱中，列出族人的凤山、把八山、明月山、壕坝、庙山等十处坟地，并对祖坟的所在地、边界及归属等一系列细节均予以详细说明，同时每一坟址图不仅标示出来龙、去龙，而且对来水、去水的流向与地势进行明确的标示，详见图 3－1。

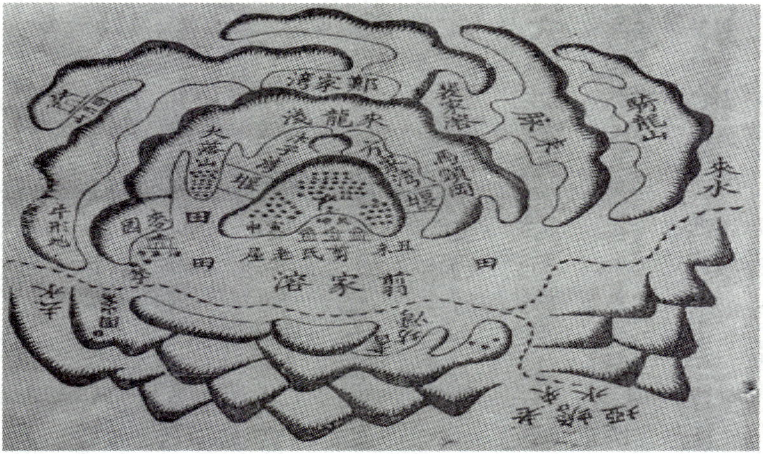

图 3－1　翦家明月山祖茔图

翦家祖先对祖坟重视程度与道家如出一辙，比如将立界、绘图载入族谱，以确认祖坟之所在，避免对祖坟的侵害；对祖坟地界进行丈量，明确邻界与葬向，为祖山命名、立碑、界石、绘图以避免争讼。

在祖坟观念上，比较讲究风水以避“五患”。翦家族坟从形制上看，完全与江西堪舆家的理念贴合。历史上江西堪舆比较风行，堪舆名家辈出。翦家族坟形制大多以呈莲花形状，而莲花形制是江西一代风水师最为推崇的“上兆”，认为莲花型制之为发祥地："吾族祖坟之有莲花形也，实为世代发祥之基，自明以来，其历代之考妣藏魄于其中者指不胜属矣。"①

蓢氏之祖坟均形制莲花，以明月山祖坟图为例（图 3-1），其谱上文字说明为：明月山蓢氏老屋后山周围以堤为界左，与下有私山在，培坟树木不许砍伐，自八代五房十纨绔子弟成琏公开葬递葬多冢，谱系说载，此山名曰狮象拜月之吉地……三角丘荷花形……由此可见，讲究祖坟兆域地形的蓢氏先祖具有深厚的儒家、道家思想。

最后，在蓢家三修谱的家训与家诫中无不体现着儒家思想的精华。在家训八条中，无不以朱子、孟子或孔子的言行作为起论的基点，如孝："朱子曰善事父母为孝，为人要体善事二字，盖善事体亲心之衷肠也，如礼云，父母之所爱亦爱之，父母之所恶亦恶之，类是也……"弟（原文即为弟）："朱子曰，善事兄长为弟，兄友弟恭，不言友而弟者，天下未有，弟弟而兄不友者故兄纵不友，而弟不可不恭……"忠；"朱子曰尽己之心为忠心，有一毫不尽即不可谓之忠，大则为君为国，小则为亲为友，俱要以忠为本……"信："朱子曰，以实之谓信，又曰循物无违谓信，盖事物所在即实理所寓，循此无违则心实不虚矣，圣人云，人而无信不知其可，又云，民无信不立，是信乃人品之所攸关也……"礼："孔子曰，不学礼无以立，盖礼以恭敬辞逊为本，而有节文度数之祥，虽其曲折细微，戴礼仪礼无一不备……"义："朱子曰，义者心之制事之宜也，其体精其用广，孟子谓有所不为达之所为，……"廉："孟子曰，可以取可以无取，取伤廉，言有分辩也，大之如非道非，义禄之；天下弗顾击马千驷弗视小之，如一介必严皆廉，不分大小，要以义为衡……"耻："孟子曰，人不可以无耻，羞恶之心人皆有之，但人欲昏迷遂有不知耻

① 江西新昌《城南漆氏族谱》。

者，夫存之可进于圣贤，失之则入于禽兽，这一字关系最大……”

家诫：“精神者事业之要不荒于色，则精神固；志气者文章之本不湎于酒，则志气清，宁夙与勿画寝以励其精神，宁茹苦勿饴甘以馁其志气处，宗族以谦和慎勿恃才而长傲，待乡里以忠厚切勿用术以愚人，严于律己，己有不是，痛自刻责；宽以待人，人有不及无容过求。读书不通经史似无楫而济江河，居心不明理，道犹无炬而入幽室，粗衣淡饭宁节俭以济贫，爱日惜光阴，宁勤劳而补拙，谨小慎微则终身无失，谋疏志大则一事无成，治家得法者出仕必有可观，奉亲能孝者，事群断然，不苛居家，能力穑，则为官必爱民，丰年能俭约则遇荒不借贷。僮仆亦人之子可恕则恕，不可妄加以鞭笞；儿孙固已所爱可儒则儒，否则宜援以别业；娶媳求淑女自能宜于室家，嫁女勿厚奁始不骄；其夫婿能媚我必能害我，其人勿交……尊孔孟之教，闲僧野道不可登之门墙，优唱妓声不可演之堂室，眼界要阔须历名山大川，度量要宏，熟读五经诸史，勿作怯状书生，可挽百石之弓，可骑千里之马；勿为小形丈夫不以豆羹见色，不以破釜失声，凡多不德不才不足效也，先民皆可程可式期女学之。”

三修谱中另对家诫，如敦孝弟诫、笃宗族诫、重耕织诫、勤诵读诫、崇礼义诫、尚廉耻诫、务俭节诫、戒奢侈诫、和家庭诫、睦乡邻诫、重忍让诫、慎交游诫、训子弟诫、谨酒荒诫、惩色欲诫、醒闺闱诫等均有详细规定，无不与儒家思想与小农经济息息相关。可见，在翦家族人的历史上，儒家思想是持家育人的主要思想，在这种强儒家思想主导下的翦家族人，自然是少不了对道教和佛教的推崇。[①]

因此，翦家族人因居于特定的生存空间，受之于所处人文环境与自然环境的影响，在长达几个世纪的普遍通婚中，在血亲网络的多样性融合下，翦氏族人最初的文化模式与其他的在地民族的文化界限日见淡漠，文化上经历了深刻的历史转变，就如翦家三修谱的《家庭改造意见书》中所言："我族虽来自回纥，因始祖八士公而得姓，亦自然同化成湖南西路之一大族"。翦氏家族在当地确实是一大宗族，这一点笔者在调查中亦得到证实。在当地有"庄、翦、童、文"四大家族之说，而当年的翦家在当地是仅次于庄家的第二大家族，且小有势力。因此，不管是家族体系中引入了儒家思想，抑或是儒家思想主导下的家族发展，都使得在长达六个多世纪的单向历史进程中，翦氏族人的历史记忆中背负了太多的在地情感体验，单是"湖南西路一大族"所包含的内容已够丰富。这一丰富的内容也使得湖南维吾尔族在面对维吾尔族身份建构中表现出强烈的在地认同。

二、语言的地方化

现在湖南维吾尔族说汉语，操湖南地方方言。

有关湖南维吾尔族语言消失的年代，似已无从考证。《湖南维吾尔族》一书中提到，他们虽然离开新疆600多年了，但他们中的一些人还多少认识一些维吾尔族文字，也还能讲一些维吾尔

---

① 在我国明初时，朱元璋首开明代"三教合一"风气。所谓明代的"三教合一"就是以儒家学者为中心，并由众多名僧、方士参与其间，互相交游，互为影响，最终导致佛、道的世俗化以及儒学的通俗化。其实质是以儒家的五伦或孝道为中心，借佛、道劝善之言，以为佑护，佐证，即借佛、道威慑作用，暗助王纲。来自：http：//zhidao. baidu. com/question/76107082. html，2010－3－6访问。

族语言。[1] 在访谈中，也有少许的翦姓族人认为语言的丢失就是近 100 年内的事情。乡长曾与笔者讲过，“在一次会上，有一位老学者，他在 20 世纪 50 年代初来桃源进行民族识别，他曾与我说过，那时还有老人会说简单的维吾尔语。”同时有村民也提到了乡长说过的那位老学者，但他补充说：“那位老学者已 90 多岁了，已经找不到这位学者了。”在调查期间，笔者没有找到会说维吾尔语或对维吾尔语有记忆的村民。一些健在的老人（70 岁以上）不仅没有人会说维吾尔语，当问及他们的祖辈或者是父辈是否会讲维吾尔族语时，他们的回答是：“他们都不会说，更不要说会写了”。当笔者问及清真寺的翦阿訇时，他认为：“可能在最初来桃源的第二、第三代就已经消失了，反正不是近 100 年内消失的。”当笔者问到他的爷爷那代人是否会说维吾尔语时，他亦说道，“根本不会。”同时，翦伯赞在《我的姓氏，我的故乡》（1945）中亦提到：“历时既久，我们的族人已经忘记了自己的语言文字”。由此可见，语言消失应该不是百年之内的事情。

致使有村民认为语言消失是百年之内的缘由是，有的村民没有弄清楚阿拉伯语与维吾尔语的区别；有部分村民认为维吾尔语是彼此见面互道的“色俩目”或是清真言等。在访谈中，确实有两位（5、6 组组长）受访者不假思索却又十分肯定地说：“（祖辈或父辈）会说，他们都还会说。”这样的回答，在笔者看来似乎不具有说服力。后来，翦乡长也推测：“可能当时的那位学者混淆了维吾尔语和阿拉伯语的区别”。翦乡长的推测是正确的，因为不要说普通村民不懂维吾尔语与阿拉伯语的区别，就是目前有些出版资料也根本没有弄清楚两者的区别，如《湖湘文化大辞典》中谈及湖南维吾尔族的语言与文字时指出：“维吾尔族民族语言、文字，因长期与汉族杂居，除少数阿訇外，绝大多数

① 陈遵望、见闻：《湖南维吾尔族》，岳麓书社，1994 年，第 26 页。

已不会讲维语，通用汉语”。①（此为直接引用）这段表述明显弄错了维吾尔语和阿拉伯语的区别。阿訇讲的是阿拉伯语，主要用于宗教仪式中，当然包括见面的问候语等，但绝对不是维吾尔语。所以关于维吾尔语到底何时丢失的，具体已无法考证。

目前，回维村中确实有2－3人会说几句简单的维吾尔语，其中包括清真寺翦卫兵阿訇的爱人（山西的回族），但不是祖传下来的，而是在2006年新疆师范大学的志愿者马若彦来枫树乡中心中学讲授维吾尔语时，亦在清真寺的暑期班中讲授了维吾尔语，阿訇的爱人就是那时候学习的。她向笔者讲述了她刚回娘家工作时的一次经历：

在我的（山西长治）美容院对面、清真寺旁边有个新疆的维吾尔族人在那里卖馕，我想用维吾尔语问他馕怎么卖，我就想马老师怎么教的来着，但是第一天我怎么想都想不起来，我就只好用汉语问他，并买了馕回去了；可是第二天，我一下子想起来了，我就急忙跑过去用维吾尔语问他馕怎么卖。那个维吾尔族人特别惊喜地问我：“你会说维吾尔语……”

至于说阿拉伯语或是宗教用语，湖南维吾尔族村民使用的亦很有限。确实有少部分村民会说简单的阿拉伯语，却仅限于宗教用语中的清真言和见面的问候语。有关湖南维吾尔族使用阿拉伯语的情况，南开大学的高欢进行了研究并写到：“现在桃源回维村中的翦姓维吾尔族仍有部分人使用阿拉伯语，主要体现在名字和宗教用语上，名字如“阿布来提”、“阿卜杜拉”、“阿里买提”等；宗教用语方面如，“安拉”、“哈吉”、“都阿”等。”②

其实，经名的使用并不普遍。有相当多的村民不仅没有经

① 万里主编：《湖湘文化大辞典》，湖南人民出版社，2006年，第96页。

② 高欢：《湖南桃源县维回族汉语方言研究》，硕士学位论文，南开大学，2007年。

名，并且有很多村民不知道何为经名。有的村民说："经名，这个要上（家）谱上找才知道"；还有的说："没的经名，老师傅才有经名"。村子中，除了老师傅外，真正有经名的也就几个人，并且他们的经名都是在翦阿訇来清真寺工作后才起的，如村子中的王师傅，翦万元夫妇等。但即便如此，有的翦氏族人名字前所加的经名，其实并不是经名，严格意义上说是维吾尔族的名字。经名是伊斯兰教中圣人以及圣人门徒的名字。正如清真寺的翦阿訇谈道："经名，如阿不来提、阿里买提严格来说并不是经名，是维吾尔族的名字，像穆罕默德、阿布杜拉才是标准的经名，像阿布都·热西提或司马仪·艾买提，都是标准的维吾尔族名字，不是经名。现在有些人的名字是新疆维吾尔族人给起的。新疆来人拜访时会说，你是维吾尔族，却没有维吾尔族的名字，给你起个名字吧！有些人的名字就是这样得来的。"所以，有的村民就拿这个维吾尔族的名字当经名使用，加在名字的前面。这种情况一般见于村中的精英，他们与新疆维吾尔族接触的机会多，认为有个维吾尔族的名字有利于沟通与交流，容易拉近距离。同时，当新疆维吾尔族同胞来枫树乡参观时，一般也会教村民用维吾尔语拼写他们自己的名字。如，在笔者调查期间，一对新疆维吾尔族夫妇到枫树乡探访"维吾尔族第二故乡"的人，就主动提出教清真寺寺管会翦会长的女儿用维吾尔语拼写她的名字。但是，她已经会写，是2006年新疆师范大学的志愿者马若彦来枫树乡时教授的。所以，湖南维吾尔族在阿拉伯语（也就是宗教用语）的使用方面，只限于少许的经名、见面的问候语："安赛俩目阿来库目"，"我尔来库目色俩目"以及清真言等。

语言的消失是事实，也是历史必然，毕竟人过境迁。但是，作为与新疆维吾尔族认同的文化特征之一，语言又是族人们不得不多次提及和关注的文化事项之一。记得第一次去枫树乡时，乡长就给笔者讲述语言丢失的时间、解释语言丢失的历史必然性。

还有位翦姓族人气愤地告诉笔者，在他参加的一个学术会议上，居然有位学者说，“一个丢失本民族语言的民族不是一个优秀的民族”。当时他很生气并当面指责了那位学者。针对语言消失的现实，针对要与新疆维吾尔族寻找共性、建立更加坚实的对话基础，湖南维吾尔族的精英们于2006年聘请新疆师范大学的一名维吾尔族大学生马若彦到枫树乡中心中学教授学生维吾尔族语，时间为一年。

客观地看，语言只是一种交流工具，语言的生命力应该体现在日常使用上。这一点从志愿者马老师教授维吾尔语的结果上可窥其一二。因为教学的效果并不显著。平常日子里人们并不用维吾尔语进行交流，再说维吾尔语也不是孩子们升学的考核指标。课程结束后，在某种意义上说，维吾尔语的学习也就结束了。所以，这次培训带给孩子们更多的是记忆和民族意识的培养。村中有心的老人珍藏着当年的学习资料，当有客来访时，偶尔也会展示一下，其目的并非是展示语言，更多的是将语言的学习与自身的维吾尔族身份结合起来，展示的是自己的维吾尔族身份。因此，维吾尔语的讲授过程更多的是民族意识的培养过程。

虽说民族的共同语言是民族文化特征之一，是民族内部相互联系的主要工具，是一个民族的最显著、最稳定的特征。但我国是一个历史上多民族长期杂居共同发展的统一国家，在长期生产生活的交融过程，如果没有一个共同的交流语言，各民族的共同繁荣和发展就会受到阻碍。汉语的发展历史，也是中国各族人民在漫长历史过程中不断丰富、不断创新的结晶，它是生活在这片广袤土地上的各族人民共同选择的结果，是几千年来各民族融合的结果，并不是某一单一族系所能为之的，它是这片土地上各族人民共同的财富。

所以，在认定某一民族单一语属是否为某一民族全体掌握，以至于以此来认定民族属性，这是不符合我国国情的。共同语言虽说是民族的重要特征之一，但它不是唯一的。事实上，不同的人们共同体可以具备相同的语言，相反，同一人们共同体也可以使用不同的语言。因此，把语言相同的不同人们共同体归在同一个族体是没有根据的，以语言系属作为识别民族成分的唯一依据，也是有欠稳妥的。①

事实上，湖南维吾尔族在湘西北的繁衍发展，如果没有当地人民支持，很难发展为“湖南西路一大族”，这其中语言起着重要的作用。如果因语言的变化而对他们的维吾尔族身份有所怀疑，更是有失妥当，毕竟翦氏家族保留有较为完整的谱系文本、部分碑帖以及传说等资料，这些资料反映出翦氏族人对自己身份的表述。

三、艺术形式的散失

据《湖南维吾尔族》记载，当地的传统舞蹈为“赛乃姆”和“小辫子舞”。但是，调查的情况显示不仅现在已经没有人会跳了，就是80岁左右的老人对小辫子舞也没有任何记忆。因为在所有的访谈者中，至少有80%以上的受访者都不知道何为“小辫子舞”，“小辫子舞根本没有听说过，搞不明白。”年纪在70－80岁的老年人也都表示没有听祖辈或父辈提及过“小辫子舞”，更不要说看到过有人会跳。

虽然目前没有资料显示小辫子舞的起源，但是考虑到小辫子舞的韵律和形式，它是融合了南疆土著人的音乐旋律和回纥人梳小辫子的传统而渐渐形成的一种艺术形式。至于说，翦氏始祖哈勒在13世纪离开高昌回纥时，高昌回纥国是否已具有南疆特色的小辫子舞，以及小辫子舞是否盛行，仍有待考证。即便是那时

① 黄光学、施联朱：《中国的民族识别》，民族出版社，1995年，第165页。

回纥有小辫子舞，而哈勒·八士的两位妻子，朱氏与王氏似乎都来自于中原地区，因此，如何拥有或是传承小辫子舞，也确实值得商榷。

赛乃姆与小辫子舞一样，是否真正在湖南维吾尔族的历史上存在过，同样需要进一步的考证。一位中央音乐学院到枫树乡研究湖南维吾尔族音乐的学生谈道："这边的维吾尔族既不会新疆的音乐与舞蹈，也不会常德当地或是桃源县的地方音乐与舞蹈。而常德的曲艺是整个湖南省较发达的地区，如常德丝弦就是很有名的地方表演艺术。当我去桃源县文化局时，发现那里的好多人都在唱呀、跳呀，可是枫树这边似乎什么都没有。"

图3-2　国庆60周年枫树乡代表队在长沙田汉大剧院表演《美丽的阿娜尔汗》

可见，草根性的艺术形式在湖南维吾尔族已很难找到。于是，族内精英们通过与外界的广泛交流、培育文艺人才，现在完全可以表演具有新疆风格的歌舞，如在庆祝中华人民共和国建国六十周年湖南回族维吾尔族穆斯林文艺会演上表演《美丽的阿娜尔汗》，表演的维吾尔族舞蹈形式自由奔放，舞步矫健轻巧，舞姿挺拔，诙谐乐观，活泼开朗，热情奔放，充分显示了维吾尔族人民勤劳、勇敢、明快的性格，优美的舞姿得到了全场热烈的掌声。同时也给参加表演的孩子们带来莫大的荣誉。

民族心理素质是表现在不同方面的民族心理特点的总和。湖南维吾尔族因与新疆维吾尔族长期的地域阻隔，彼此各自因社会文化环境不同而形成的物质文化和精神文化的差异亦不是一朝一夕所能补就的。但是如果能在歌舞艺术方面适当进行学习与仿效，既可以丰富本民族人们的文化业余生活，也可以为湖南地方的文化园地增添一朵奇葩。因此，为了尽其所能的建构文化认同，湖南维吾尔族的有识之士一直在努力着。如清真寺寺管会的会长正在试图复兴赛乃姆艺术。在笔者即将离开时，他和笔者谈了他的一些想法。在笔者回京后，他打电话告诉笔者，已经得到省里的立项支持，预计在2－3年内将其完善并实施。

第二节　宗教分化与文化多元

一、“反教”事件

湖南维吾尔族对族人内部出现反教的事情，即改信仰道教向来没有刻意隐瞒，并且由于反教的事情历史久远，系先人所为，所以现在的族人也更能坦然对待。只要稍做调查，一般族人们都会讲述反教事件出现的时间与缘由。

湖南维吾尔族对内部反教事件有两种解释。一种解释是，在清朝末期，发生了一次大瘟疫。瘟疫发生后，死了很多人。依照穆斯林传统，亡人家里要请阿訇主持葬礼，但是由于当时阿訇的数量有限，根本忙不过来，所以很多家就请不到阿訇。这些人家情急之下就请道士做了道场或请佛教的和尚来念经。这样他们就背离了伊斯兰教，采用当地汉族的风俗习惯，这些人就被族人们称作“反教”。另一种解释是，有的族人家里娶了汉族的媳妇，而这些汉族的媳妇没有严格按照穆斯林的方式生活。因此，当家里有人去世时，就请不到阿訇，只好按照汉族的风俗办理丧事。但不管哪种解释，族人反教确实是事实，且时间较为久远。

至于反教的时间，有的族人认为是在清朝末期，也就是近百年的事情，但是，大部分村民认为，最早反教的是三房。当问及反教的时间时，他们答道：“那就早了，有两三百年了。”事实上，在三房的族人反教之后，五房和六房的族人也相继有反教的。在翦家族人中，的确有近百年内反教的，如1组有位村民就谈到他家是在他的太爷那代才反教的。而在翦氏家族的三修谱中也提到了反教的事件，即十六世祖山宽公于嘉庆十九年（1814）秋写的《源流歌》中写到：“粤稽承恩自北燕，来兹四百已余年，清真发迹分回汉……”从时间上看，在清嘉庆十九年时，翦氏族人的伊斯兰教信仰状况已经发生了变化，出现了反教的汉族和仍然保持伊斯兰教信仰的回族，并且两个信仰体系在翦氏族人中已经建立起来。可以推测，至少在清朝中后期，甚至于在清朝初期或许就有族人反教了，否则偶尔有之的现象达不到“清真发迹分回汉”的规模。

族人们对反教事件的解释可以反映出宗教分化的情况，但是不能作为解释宗教分化的真正原因。它只能说明整个文化变迁过程中的一个片段，看似由一场瘟疫引起，实则是翦氏族人与汉族间持续接触后文化涵化的结果。因为，民族文化的变迁是一个漫长的历史过程，尤其当人们从一种信仰转换成另一种信仰时，更是人们在民族交往中不断地对他族的文化了解之后，相互权衡的结果、是采取适应于当时与当地的一种文化策略或生存策略的结果，并不是突然间的某一事项就会造成一个文化体系的突然转变。正如有学者所言："文化的变迁没有明确的界线，当我们看到某种剧变的时候，已经经过很长时间的酝酿，只是我们没有注意到这样的'未雨绸缪'。"① 当我们逆向思维时，即反教的事情为何没有发生在明初而是在几百年后的清朝，难道明朝期间就没有瘟疫或其他的灾难发生吗？这一点也足以说明"反教"是两种不同文化长期交往的结果。所以，反倒是山宽公的"清真发迹分回汉"更能体现一个民族发展的长期历史进程。

由此可见，翦家族人至少在清朝的中后期就已经分化成反教的汉族和仍坚守伊斯兰教信仰的回族。这一点完全符合当地百姓的叙述。当地的一位回族村民告诉笔者："在翦家族人没有认定为维吾尔族之前，根本不晓得是维吾尔族，只是晓得吃肉的就是汉族，不吃肉的就是回族。"此种说法在湖南维吾尔族中得到证实，现在上了年纪的翦氏族人仍有认为自己信"汉教"，所以是汉族。而他们的身份证上明明写的就是维吾尔族，这一点他们也十分清楚。

宗教分化不仅在翦氏族人中一直延续下来，并且还不时有信仰伊斯兰教的族人加入到反教的行列之中。即使是那些仍然坚守伊斯兰教信仰的族人也由于多年来与汉族的杂居，加之现代化进程的影响，在伊斯兰教信仰上亦表现出淡化的趋势。

二、多元的族际通婚

通婚模式：据村民（没有反教的）讲，现在70岁以上的老人都是回维通婚。因为，新中国成立前父母包办婚姻，他们的观念是找教门里的人，与汉族通婚一般是新中国成立后了。调查的

① 纳日碧力戈：《族群形式与族群内容反观》，见周大鸣主编：《中国的族群与族群关系》，广西民族出版社，2002年，第375页。

结果基本符合村民们述说的情况。在调查中发现，父代（55岁以上）以回维为主要婚姻模式，而子代几乎都是维汉通婚了。如清真寺寺管会的蒯会长一家，奶奶是回族，母亲亦是回族，到了他们这一代时，六个弟兄中有三个弟兄找了汉族媳妇。这种情况仅限于没有反教的村民小组中，如5、6组。回维村的其他小组由于村民的民族成分不同、宗教信仰不同表现出不同的通婚模式。现根据回维村户口登记本上的信息（表3-1和图3-3），分述如下。

1组的村民以汉族为主，20世纪50年代以前出生的汉族村民均倾向汉族内部通婚，维汉和回汉通婚分别只有3例和1例；20世纪50年代后出生的汉族村民则倾向于维汉和回汉通婚。这一点很是有趣，它说明即便是汉族，在20世纪50年代后出生的也表现出跨民族通婚的趋势。

2组的村民都是信仰伊斯兰教的维吾尔族，但却与反教的小组（8、9、10、11组）具有相同的通婚模式，即不论是20世纪50年代前或是50年代后出生的村民都倾向维汉通婚。

3、4组的村民以维吾尔族为主，在宗教信仰上是部分反教的。这两个小组的数据表明，村民不受出生年代的影响均显示出维汉为主的婚姻模式，并且维汉通婚比例具有绝对的优势。

5、6组是没有反教的村民小组，这两个小组表现出相似的通婚模式，即20世纪50年代前出生的村民以维回通婚为主，50年代以后出生的村民则更倾向于维汉通婚，尤其是50年代后出生的村民维汉通婚比例增长较快，由之前表现出的绝对弱势发展到与维回通婚相当的水平。如50年代后出生的村民，5组的维回与维汉的通婚数分别在7和8；6组则是14和16；而50年代前出生的村民维回与维汉的通婚数分别为15例和2例；16例和2例。

7组是以回族为主的小组，它的数据显示了20世纪50年代前出生的村民倾向回维通婚，回汉通婚极少，仅有2例；但是50年代后出生的回族村民中，维回通婚已不再是主要模式，取而代之的是回汉通婚的婚姻模式，即从50年代前出生的仅有2例回汉通婚上涨到50年代后的12例。

8、9、10、11组虽以维吾尔族为主，但由于全部是反教的，所以表现出相对单一的通婚模式，即不论是20世纪50年代前出生抑或是50年代后出生的村民，均显示出维汉通婚的绝对优势。

表3-1　回维村1~11组村民的通婚情况①

组	出生年代 20世纪	总夫妇数	通婚模式（对）					
			维回	维汉	回回	回汉	维维	其他
1	50年代前	15	1	3	—	1	—	10
	50年代后	21	—	10	—	8	—	3
2	50年代前	12	2	10	—	—	—	—
	50年代后	11	2	9	—	—	—	—
3	50年代前	24	8	15	—	1	—	—
	50年代后	37	2	31	—	3	—	1
4	50年代前	21	6	10	1	1	3	—
	50年代后	26	4	18	—	3	—	1
5	50年代前	19	15	2	2	0	—	—
	50年代后	20	7	8	1	3	—	1
6	50年代前	19	16	2	—	1	—	—
	50年代后	36	14	16	—	5	—	1

①　笔者以户口登记本上获得的各小组的夫妇数为准，并不是以各小组的家庭数为准。因为，有的家庭是复合家庭，即可以显示2对或2对以上的通婚情况；出生年代主要以夫妇中男性的出生时间为主要参考，有时在缺失男性，但又能判断出通婚状况的情况下，才会以女子的出生年代作为参考。

续表

组	出生年代 20 世纪	总夫妇数	通婚模式（对）					
			维回	维汉	回回	回汉	维维	其他
7	50 年代前	21	12	—	6	2	1	—
	50 年代后	28	7	1	6	12	1	1
8	50 年代前	20	1	18	—	1	—	—
	50 年代后	40	1	35	—	3	1	—
9	50 年代前	16	5	11	—	—	—	—
	50 年代后	30	1	27	—	2	—	—
10	50 年代前	8	—	8	0	—	—	—
	50 年代后	17	1	15	0	—	1	—
11	50 年代前	26	2	20	2	2	—	—
	50 年代后	26	2	20	—	3	—	1
合计		493	109	289	18	51	7	19

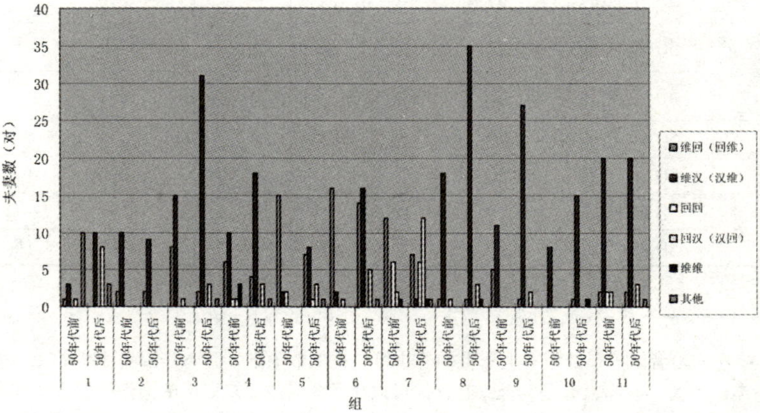

图 3－3 回维村 1－11 通婚情况

综上所述，在11个村民小组中，通婚情况各不相同。除了5、6小组表现出20世纪50年代前出生的维吾尔族以维回为主的通婚模式外，其他（除去1、7组）小组的村民不论出生的时间如何均表现出维汉通婚为主要模式，尤其8、9、10、11的情况更为明显；7组的回族也表现出了同维吾尔族一样的通婚倾向，即在20世纪50年代后出生的回族村民具有回汉通婚增加的趋势；最有趣的是1组，这个以汉族为主的小组，居然在50年代后出生的村民也表现出了族际通婚的倾向。这表明，回维村的村民以族际通婚为主要模式。从另一角度看，如果忽视村民出生年代影响，就回维村的总通婚情况看，在所获得的493对夫妇中，维汉通婚有289对，维回通婚109对，回汉通婚51对。所以，目前回维村的通婚状况表现出强的族际通婚倾向，如图3－4所示。

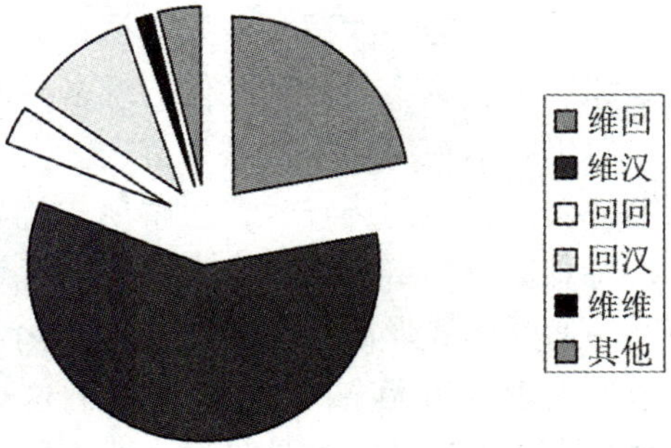

图3－4　回维村村民总体通婚状况

有关湖南维吾尔族内部通婚习俗，听族人讲历史上是绝对禁止的，其实就是同姓不婚的习俗，现在已有松动，但仍不提倡翦姓内部通婚，即便是符合婚姻法中规定的三代以后的近亲婚姻，翦家族人也持保留态度。他们认为翦氏族人系同一祖先传下的后人，都是血缘同胞，所以，不能通婚。在调查中听说，村里只有

1 例家庭是翦姓内部通婚，虽然他们已符合国家婚姻法规定，可现在说起来，村民们仍不愿多谈。听说这对夫妇不居住在村子里，丈夫在新疆做军官，妻子在省里读大学，后来安家在哪里就不知道了。也有村民讲，当时村民们都不能接受，将各种谩骂纸条丢到他家的院子里。就如另一位村民所言："关于维维通婚，我接受，但是要慢慢来。"事实上，笔者从户口本获取的信息看，村中共有 7 对是翦姓间的婚姻，一对是 20 世纪 50 年代前出生的夫妇，其余的都是 50 年代后出生的。虽然不是村民们说的仅有一对，但仍可看出翦姓间的婚姻在回维村总的婚姻模式中占极小比例，仅有 1.4%。这一点也说明，他们的意识中，仍认为翦氏族人间的通婚仍是"不光彩"的事情，不乐意声张。

湖南维吾尔族实行的族外婚与新疆维吾尔族的族内婚习俗恰好相反。在新疆，维吾尔族实行族内婚，不允许自己的子女与其他民族的人通婚。如果家中有孩子娶了或嫁给其他民族，那么他们的父母、本人以及所生的子女都会被人歧视，成为被别人笑话的把柄。即便是那些走进城市学习和工作的维吾尔族在婚姻选择时会有所变化，但仍以本在民族内通婚为首选。

记得笔者第一次去回维村调查时，通婚模式就如本地的语言一样，也是乡长特意提及的事项。他认真地向笔者解释这一与新疆维吾尔族不同的通婚模式形成的历史背景与文化背景，同时对不理解这一习俗的人表示出无奈。他说："我们这边姓翦的都是一家人，是一个祖先传下来的，都是哈勒·八士的后人，因此是绝对不能相互通婚的，虽然经历了这么多年的发展，即便是那些符合国家规定的翦家族人间的婚姻，这边也是少见得很。有的人（主要指新疆维吾尔族）特别不理解我们的这一习俗，其实没有什么难理解的，我们之间要么是兄弟姐妹，要么是长辈和晚辈的关系，一家人，你说怎么能通婚呢？"

三、人生礼仪

（一）婚礼形式

没有反教的湖南维吾尔族结婚时是否请（当地人用“接”一词表述）阿訇与他们的年龄相关。1940 年以前出生的翦家族人，虽说他们的婚礼大多在 20 世纪 60、70 年代政治运动高潮时举行的，但仍有九成以上的婚礼是请阿訇或老师傅主持的；1940－1960 年间出生的村民，有近八成的婚礼请阿訇或老师傅来主持；而 70、80 年代出生的人，婚礼几乎都不请阿訇或老师傅，请的只有屈指可数的几户。据清真寺翦阿訇讲，在他主持清真寺工作的 3 年间（从 2006 年 7 月到清真寺主持工作），请他主持婚礼的共 3 例，在 2006 年 1 例，2009 元月份 1 例，在 2009 年 5 月份 1 例。

调查中，一位汉族的新媳妇说：“我们结婚请阿訇了。结婚仪式也没有什么不同，只是请阿訇，由阿訇主持，其他就没有什么变化，也拍婚纱照，也请客，都一样。”另一位新媳妇结婚时就没有请阿訇，请的是司仪。而她的婆婆和公公是村里公认的、正宗的穆斯林。可见，在回维村维吾尔族村民中，新人们不论自己的宗教信仰如何，都紧跟时代的潮流，如婚前拍婚纱照是必不可少的一项内容，除此之外就是布置新房，添置一些生活用品。从新房的布置看一般以简洁为主，除了必备的彩电、冰箱和空调外，床和柜子讲究干净、大方。

（二）生子

孩子的出生礼仪是民族文化的重要组成部分，反映了民族的文化习俗。有关湖南维吾尔族穆斯林的生子情况，高欢在其论文中写到："他们的婴儿在诞生的当天或者三天之内，都会请阿訇给婴儿起经名。"① 但是，笔者的调查则显示，起经名的习俗并不普遍。据清真寺翦阿訇讲，"起经名，在我们这里不普遍，按宗教的要求都要起，但是现在也不起了，起经名一般是在孩子刚出生或 1 个礼拜或 40 天之内都行"，"按传统来说，要请（阿訇或老师傅），但这边也不请了，有请的，也是偶尔，很少。现在小孩子中很少有经名的，一百个中也没有一个有经名的。婚礼也不请了，按理来说也得请，我在绍阳那边都得请，这边不请，没那习惯了，淡化了"，"历史上要比现在请的多一点。以前那时不在家（在绍阳），感觉明显减少的是（20 世纪）90 年代中期那样。（20 世纪）80 年代那时还可以，相对现在来说。"清真寺的翦阿訇自 2006 年到清真寺主持教内工作到 2009 年 8 月，请他给孩子起经名的只有 1 家。现在村民们生小孩子后一般在满月或是百天时摆酒、放鞭炮，所以，无论是反教的还是没有反教的湖南维吾尔族，几乎都采借了当地风俗习惯来应对这一人生礼仪。

（三）丧葬

据清真寺的翦阿訇讲，"丧葬请阿訇是作为穆斯林与否的最后底线，不论他们平时的生活习惯怎样，可以不念经、不来清真寺，也可以不遵守食品禁忌，但是当家里有人无常（去世）时，只要请阿訇主持葬礼都不算作反教；如果丧葬不请阿訇而请道士主持葬礼的话，那就是反教的。"并且"只要不是反教的家庭，凡遇丧事都请阿訇主持，这是'反教的'与没有'反教的'主要区别"，也是当地人最常用的表述以及评判标准。在此笔者从翦姓维吾尔族穆斯林和反教的湖南维吾尔族两方面介绍湖南维吾

① 高欢：《湖南桃源县维回族汉语方言研究》，硕士学位论文，南开大学，2007 年，第 38－48 页。

尔族的葬礼过程。

未反教的湖南维吾尔族穆斯林的葬礼：

没有“反教”的湖南维吾尔族，虽说葬礼中也掺杂一些当地的风俗习惯，但是基本上是按照伊斯兰教的传统与要求安葬亡人，如请阿訇主持仪式、遵守着“速葬”和“厚养薄葬”的伊斯兰教教规等。关于没有反教村民的葬礼描述较多，如目前主要介绍湖南维吾尔族的两本书——《桃源县民族宗教史》和《湖南维吾尔族》中都有较详细记载，现结合这两本书的叙述以及笔者的调查简述如下。

人死后，家人在屋内地面上铺块席子，将死者移放席子上，仰卧，头朝东脚朝西，头部略高并脱去外衣，用白布或崭新的被单盖上。同时向亲属朋友发讣告、准备“撒米”（一种无底棺材）、到墓地“打井”并准备殓衣，即“克番”：男的“克番”三件，即大卧单、小卧单、皮儿番套；女的“克番”有五件，只是另加裹胸布和盖头各一件。第二步是洗礼，称之为“默力体”。行洗在室内或清真寺进行，由3－4位同性别的人对尸体进行清洗，行洗完结后，将死者先里后外，一层一层包裹好，再用白布系腰，并包好头和脚后将死者放入“塔卜”（清真寺备有且专供葬礼使用。当家人去清真寺发讣告时，就从清真寺将其抬回家里，同时还要请《古兰经》）。

湖南维吾尔族的葬礼属于站礼中的一种，俗称“者那则”。多数家庭将此种站礼移至附近的清真寺内进行，但是笔者参加的这次葬礼是在自家院子里进行的。将装有亡人的“塔卜”抬到院子里，“塔卜”面朝西，阿訇或老师傅站在铺好的席子上主持殡礼。前来参加殡礼的是死者的亲属和生前好友。（在这次葬礼中，参加殡礼的全是亡人的直系亲属）凡参加站礼的都必须“大净”，直系亲属头披孝带（每人戴有孝帽），亲戚朋友则手缠孝巾（此次葬礼未见）。殡礼时焚巴兰香。来参加站礼的人脱鞋后面对“塔卜”站在席子上，领殡站在前，由阿訇或老师傅主持。首先叫“帮克”，其次是集体向死者面哀，再由阿訇诵读《古兰经》，殡礼结束后，所有的人员一同送“塔卜”到墓地进行安葬。

安葬的墓地是已挖好八尺长、三尺宽、三尺深的大井，大井中间有六尺长、三尺深、等同人体肩宽的小井，小井中削有土枕，送葬人员随“塔卜”到达墓地后，即打开长两丈宽两丈的“孝帐”用以掩盖土井上面，高度能掩盖“塔卜”和帮忙的人员，目的是防止非穆斯林观看。就绪后打开“塔卜”，由帮忙的内亲抬死者头和脚，长子或长孙提腰带，将死者从“塔卜”中抬出慢慢放入小井中安放好，然后将死者面部敞开，头朝圣地麦加城，长子或长孙取下腰带缠在自己的腰间，然后开始盖棺、撒播一些防虫用的药水等。最后先由内亲掘土覆盖棺木，再由帮忙人员完成筑墓任务。①

从笔者参加的此次葬礼看，基本按照如上程序进行。这个葬礼在枫树乡的庄家桥村——一个以汉族为主的村子，距回维村有3~4里路，这户人家是翦姓维吾尔族。据清真寺的翦阿訇讲，老人死后，家里人就通知清真寺，并告知需要几位老师傅（家人通知要8位老师傅）。同时派人将清真寺的“塔埠”抬回、取巴兰香并接走经担子，也就是放《古兰经》的一个小箱子，回去后将《古兰经》供上，开始焚巴兰香。由于这边维吾尔族的葬礼是三天，所以清真寺的阿訇和老师傅们在第三天过去主持仪式。第三天，阿訇和老师傅们早上8时左右到达亡人家里，这时有家人给每个人发一个白色的孝帽。过一会儿，大家开始吃早饭，凡是参加葬礼的人都在此吃早饭。早饭过后，老师傅们开始清洗亡人，各种程序按伊斯兰教要求进行。此次葬礼，“者那

① 陈遵望、见闻：《湖南维吾尔族》，岳麓书社，1994年，第28－29页。

则”在亡人家的院子进行，并且有一个“转香”和“转钱”的仪式，两个仪式过后，开始向死者默哀、阿訇和老师傅诵读“古兰经”，仪式结束后，亡人出殡去墓地。亡人出殡后，家人燃放鞭炮。

亡人安葬的地点在隰市的金鸡山，距回维村有20多公里，据说那边是祖上的墓地，并且与亡人的丈夫葬在一起，但不是合葬。送葬的过程中，长子捧着亡人的照片，家里人抬着鞭炮。安葬即将结束时，也就是坟快堆好时，阿訇和老师傅们开始念经，念经结束，他们相继离开。坟填好后，亡者的家人燃放鞭炮。安葬结束后，大家再次回到亡人的家中，阿訇先组织人念经。家人在最初安放亡人的屋子内放一个长方形的桌子，阿訇和老师傅们围桌子坐下，每边四人，一共八人，在桌子一头放着《古兰经》，其他的直系亲戚在外围坐下，一起默哀，然后离开，留下阿訇和老师傅们开始念经，这个仪式叫“回头经”或叫“落土经”，此仪式大概持续1个小时；第二天上午，阿訇和老师傅还需要去亡人家里念经，此次仪式叫“头七”或叫“开头七经”。至此，葬礼仪式完全结束。

葬礼结束后，笔者就葬礼中的细节，如“者那则”的地点、“撒米”和“转钱”的仪式请教了清真寺的阿訇，他讲道，“这边的‘者那则’仪式一般是在自家的院子中进行。也有在清真寺里进行的，我主持的至少有1例，那是因为亡人这边没有直系亲戚，所以只能来清真寺进行，是在人死后就抬过来的。‘撒米’（无底的棺材）是这边才有的，其他的地方都不用，严格上来说是不符合伊斯兰教规定的，这个词不是宗教里的词汇，绝对不是阿拉伯语，也许是当地语言，它是折中了汉文化和伊斯兰教要求的作法。‘转钱’仪式有的地方也有，其目的是希望用钱来赎今生没有严格按照伊斯兰教的要求而做的错事，是一个好的愿望。”

图 3－5 湖南维吾尔族穆斯林的葬礼

这是一个在当地比较典型的维吾尔族穆斯林的葬礼，亡人是回族，她的丈夫是翦姓维吾尔族。亡人去世后，家里人基于老人的穆斯林身份所以请阿訇主持老人的葬礼。不可否认的是，就是在没有“反教”的湖南维吾尔族族人的葬礼中也融进一些汉文化因子。从葬礼的整个过程看，湖南维吾尔族的葬礼为期三天（阿訇解释说，这样可以杜绝“假死”现象发生）；需要棺柩，即“撒米”，一种没有底的棺材，原则上穆斯林是不需要任何棺木的；设有亡人的照片，去墓地的途中由长子捧着；葬礼中有的人家给客人发烟；尤其是维汉通婚的家庭，家人一般要放鞭炮。同时，阿訇也强调了，有的人家就不会放鞭炮，但是很少。在此次葬礼中，汉族媳妇的弟弟要燃放鞭炮从而引发了内弟和阿訇间的肢体冲突，一起颇明显的“文化冲突”的例子。

个案 3－1：葬礼中的冲突。冲突发生在亡人被抬走以后。亡人被抬走后，送葬的亲戚和朋友跟随在亡人的塔卜后，相继离开，到离这儿有一小段路的大路上坐车。而阿訇和老师傅们由于要将骑来的摩托车推进院子里，因此，他们落在了后面。可就在这时，亡人长子的内弟正忙着摆放鞭炮，准备燃放。这引起了阿訇和老师傅的不满，其中一位更加气愤的老师傅将已摆好的鞭炮推倒。这一行为“激火”了两位内弟，其中一人推搡了这位老师傅并要打他。而这位阿訇也不示弱，回手就打。这时，其他的人急忙将他们拉开，但这显然没有结束，当阿訇和老师傅走出院子后，另一位内弟又愤怒地冲出来，嘴里嚷道：“你们有你们的习俗，我们也有我们的习俗”，并再次要追打那位老师傅。幸好他及时被另一位阿訇拽住，没有打到，但这位内弟显然很生气，尤其是当他回头看着拉住他的阿訇时，他眼神里充满了怒气。这时，其他的人也赶紧过来，及时将他们拉开。在大家走出一段路之后，则听到了燃放的鞭炮声。

在葬礼中，翦卫兵阿訇趁女老师傅给亡人清洗的时候有一个简短的讲话，主要针对参加葬礼的人，包括汉族、回族或是维吾尔族。讲解的内容是穆斯林葬礼丧葬原则，如从速从简的原则、葬礼的过程、要求以及注意事项。这一讲解的目的是希望大家积极配合将葬礼顺利完成；同时有一点宣教的意思。但遗憾的是，在讲叙的过程中，家里主事的人忙着其他事情：或者忙着发烟给参加葬礼的客人，或者忙着找到葬礼中需要的对象，而无暇顾及。葬礼家的男主人虽已上了点年纪的，年龄大概在 50 - 60 岁，但对伊斯兰教传统的规矩知之甚少。在办理丧事时，他也没有向阿訇请教该如何做，应该注意哪些事项等，他们一边按照传统请阿訇主持仪式，一边也会将从别处学来的做法用于葬礼中。他们认为请阿訇来就是让他主持大的仪式，如清洗、殡礼和去坟地念经等，这说明他们已经按照伊斯兰教的要求行事了，至于其他的小细节则可以有自己的主张和安排。

反教的湖南维吾尔族人丧葬礼仪：

在笔者调查初期，正赶上村中4组一位翦姓族人为其母亲办理丧事，此户人家是反教的。老人在8月14日过世的，出殡在8月19日，停放4天。听邻居说，因为正好赶上阴历二十八不下葬的说法，所以停的时间较长。这家临马路居住，在堂屋设灵堂，亡人的尸体用冰棺停放在灵堂内；院子面积不是很大，但聚集了很多参加葬礼的人——道士、乐队、亲人和邻居；在临马路的大门口设有一个充气的、白色的、圆弧形标语（沉痛悼念母亲袁××）和一个约有近1米高的“奠”字。葬礼很隆重（用当地的话说就是很排场），请了道士和乐队，早、中、晚各有仪式，主要是喊经，声音很大（使用扩音设备），很远都能听到，并燃放鞭炮。鞭炮的燃放量很大，每天燃放后的爆竹纸屑就能堆成个小山，然后，集中点火烧掉。

出殡在19日早上7时左右，在灵柩走过来前，事先有人沿路摆放好鞭炮，并燃放鞭炮。抬丧的由16个人组成（是孝子去本组各家里请，除非确实有事抽不开身，否则都不会拒绝），棺柩上骑了一名位不到20岁、穿着孝衣的男子，用当地的话讲为“压丧”，再后面是乐队和送葬的队伍（图3-6）。送葬的队伍走走停停，并且踉踉跄跄地跑步前进，没走多远就停下来，燃放事先铺好的鞭炮和礼花，然后继续前进，直到坟地。当笔者问及总花销时，亡人的老伴讲，大概在2-3万元，共停放了四天，其中请道士8人，每人每天120元；礼生6人，每人每天60元；乐队的总费用1600元；同时每天早中晚的仪式均要燃放鞭炮，鞭炮就要占去很大一笔开销，同时要备一日三餐的菜饭。

就有关当地道教中的葬礼仪式，《桃源县志》（1986）有详细记载。具体如下：

“人死抹尸，穿寿衣鞋，烧纸钱（倒头纸）后，以篾席停尸堂中（称下榻），布灵堂，设香案，足前点七星灯，将镜子顺置于死者胸上。同时向亲友下‘讣文’；请阴阳先生看风水、定墓穴，请道士做‘道场’，请‘礼生’行奠礼。道场一般1－3天，也有7天以至更长。香案1－2层或3－7层，视丧家贫富而定。孝子穿白布孝服，戴白布孝帽，腰束稻草索，足蹬稻草鞋（鞋上覆有白色孝布），手执丧杖，行儒礼成服。绕棺时，孝子和亲友围绕棺柩唱《绕棺词》、《正气歌》、《蓼莪诗》等。祭奠除家奠外还有宾奠，死者的亲戚备礼品（食物类）祭奠，如女婿等家境较富裕则上‘羊祭’。出殡时，孝子在前持纸幡引灵柩并沿途丢纸钱（买路钱），放鞭炮。抬棺的前后柩夫（俗称‘丧夫’）对抗推搡所抬灵柩，称‘趔丧’或‘抵扛’，这时，孝子要叩头和敬烟，柩夫才继续前进。灵柩上罩布单、骑幼童（必是直系亲属）。葬时墓土只踩不筑，否则认为是对死者的诅咒。”

图3－6　回维村反教族人的葬礼

村民们对依汉族习俗举行的葬礼，谈论最多的就是花销问题。如果是穆斯林的葬礼，花费最多在1万元左右，如果请道士做道场的话就要多花出1～2万元钱。当笔者访谈那位刚给母亲办过葬礼的孝子时，他开口说的第一句话就是：“被他们（祖辈们）害惨了!”因为，他母亲的葬礼花销近3万元，其中包括请道士、停灵柩4天的餐饭、每天燃放的鞭炮、乐队等费用。尤其他提道：“我们请道士要多花钱，而且我们的饭菜准备又要做清真饭菜，因为，有的亲戚、朋友和同村的人来参加葬礼，而他们是穆斯林，所以，我们还是要做清真的菜，而牛肉的价格又高，所以，我们反教人的葬礼在两个方面花费都要高很多。”当笔者问他，“那你有没有想过重新皈依伊斯兰教?”他摇摇头说，“没有想过，不可能了。”

耶鲁大学人类学副教授埃米莉·埃亨在我国台湾地区做亲属制度研究时提出，“葬礼清楚地提示了娘家大部分的权力和权威，认为一个男人在姐姐和姐夫的葬礼上扮演的角色，就不能仅仅用姐弟感情来解释舅舅的权威。”① 一个男人之所以能在姐姐家的葬礼上发挥同样作用，是因为他具有妻子集团之代表身份，这种身份使得舅舅有权力来处理姐妹家那些容易引起争端的事务，葬礼不是一个体现舅舅权威的唯一场所。② 李银河在《生育与村落文化》中也论证了族亲与姻亲之不同。认为“族亲有众多利益冲突，而姻亲却是利益加感情的结合。姻亲是夫妻的合二为一，族亲却是兄弟的一分为二。”③ 这种一分为二从某种意义上也是一种剥离，而姻亲的合二为一，从某种意义上却是两个家庭集团的紧密连接与联合。

一个族群，无论迁徙何处，都必须与他所处的社会做广泛的、全面的接触，唯有如此，他才能生存下去，才能繁衍后代，其中姻亲关系占有很重要的位置。某一族群一旦在当地确立了一

---

① Emily M Ahern: Affires and the Rituals of Kinship. In Arthur P Wolf eds: Religion and ritual in Chinese society. Stanford University Press, 1974. p. 270 - 367.

② 刁统菊：《离心力：姻亲关系之于家庭组织的一种影响》，载《民俗研究》2007年第2期。

③ 李银河：《生育与村落文化》，中国社会科学出版社，1994年，第199页。

定的姻亲关系，才可说与所在地的人文环境有了广泛融入的媒介。正如公元前587年被掳到巴比伦的以色列人，50年的被掳生活，却因与当地民族通婚而融入当地社会的各个层面，[①] 以至于在波斯帝国的民族宽容政策下，允许他们回归巴勒斯坦时，有很多人已不愿回到耶路撒冷。更何况翦氏族人在翦家岗已繁衍生息了600多年。在这600多年的漫长岁月里，他们共繁衍二十八代后人，这广泛的姻亲网络，如同盘根错节的千年古树，令他们生于斯长于斯的后人在这江南水乡不断地与当地民族融合，进而形成根深蒂固的文化模式和族群特征，因此，当他们进行维吾尔族身份建构时，亦不愿放弃已经形成的文化模式。

（四）祭祀体系

现在翦氏族人的祭祀体系分两部分进行：一是没有反教的湖南维吾尔族人，他们依伊斯兰教的传统进行祭祀；一是反教的湖南维吾尔族，他们则以汉教的方式进行祭祀。现在，由于翦氏家族没有公共祠堂，所以各家的祭祀都分开进行，主要祭祀自己的直系亲属。

没有反教的翦姓维吾尔族的祭祀活动[②]主要在斋月前的一周内进行。从阿訇那里得知，“一年中祭祀祖先的时间主要在斋月前的一周内，就是所说的‘上坟’。其他的祭祀时间就不固定了，如已故长辈的生祭、死祭或家中有重大事情时，如上学呀、盖房子呀。一般在办事情的前一天祭，要请阿訇或老师傅，这一点也是受了汉文化的影响，原则上伊斯兰教主张不择日子的，通常选在周五的‘主麻日’进行。另一个重要的祭祀时间在开斋

① 李炽昌、游斌：《生命言说与社群认同》，中国社会科学出版社，2003年，第40页。

② 有关祭祀活动的具体内容详见本章第三节。

节和古尔邦节，主要的形式是游坟，但是这边已经不（游坟）了。如填坟、立碑之类的事情一般在斋月中进行，并且比较多。（问：有来清真寺拜祭哈勒·八士的吗?）有，但是不多，今年我主持了一例。这边的阴历七月十五和清明节都不过，只有‘反教’的人过。”

反教的翦氏族人祭奠亡人的时间在清明节（挂山）和阴历七月半（烧纸），再就是春节（送火）。清明节的挂山就是带香烛祭品到祖先坟前进行祭奠，并在坟头挂纸钱。七月半时在屋前头烧纸，主要是打发祖人，即先人。春节“送火”，就是在一年中的最后一天带草把子、香、蜡去坟山烧纸钱。草把子，是用稻草编成的，一岁绕一圈，70 岁就要缠 70 圈。将其放在坟上，点着，燃尽。当问及清真寺的阿訇，“反教的人有没有过来清真寺（哈勒·八士的墓现在清真寺内）祭奠哈勒·八士的人，如清明节?”他说，“没有，没有人过来祭奠，都是没有反教的族人过来，但也不多。”在访谈中，那些反教的族人也都表示没有祭奠过哈勒·八士。

（五）节日

节日在一个民族的文化中起着重要的传承作用。[①] 因此，考查一个民族的节日可以窥其文化特点以及文化变迁。

在节日方面，主要区别仍体现在反教与没有反教的湖南维吾尔族两个方面。翦姓维吾尔族穆斯林以开斋节和古尔邦节为主；而反教的翦氏维吾尔族过的则是清明节、春节祭祖和七月半；除此之外的其他节日，如春节（穆斯林不去上坟与祭祖）、国庆节、五一、中秋以及端午节等，湖南维吾尔族都过。

---

① 萧放：《传统节日：文化传承的重要载体》，见《河南日报》2008 年 1 月 30 日，第 12 版。

翦姓维吾尔族穆斯林的主要节日有开斋节和古尔邦节。由于这两个节日是宗教节日，所以，村民参与的程度与过节的热情在一定程度上反映出村民的宗教信仰状况，在此，为了避免内容上的重复，笔者将有关此二节日的叙述放在本章的第三节中加以详述。

反教的湖南维吾尔族原则上不过开斋节和古尔邦节。但由于翦氏家族的先祖哈勒·八士是穆斯林，所以，清真寺办节日时邀请所有的翦家族人参加一直是一个传统。因此，在访谈中，上了年纪的反教村民虽说现在不参加清真寺的节日了，但是对小时候去清真寺吃巴掌牛肉的事情都有记忆。所以，在一定意义上看，在回维村，两大宗教节日仍可以看做是整个族人的节日，此一传统仍在继续。现在清真寺办节日，村子主事的人仍会通过村中的广播通知大家。虽说去的人少了，不仅反教的族人不去了，就是那些穆斯林去的也少了。但是，村中要求各小组的组长不分反教与否都必须参加清真寺举办的活动和宗教节日。由此可见，目前湖南维吾尔族的宗教节日仍不仅仅是翦家穆斯林的，而具有整体的观念。

宗教信仰的不同导致了湖南维吾尔族对节日的不同关注。但是，对于国家的法定节日，湖南维吾尔族都比较重视，尤其是春节。

春节是湖南维吾尔族重视的节日。尤其春节的假期最长，人们可以利用这个时间走亲访友。尤其对大部分村民而言，他们的子女，要么在外地安家落户，要么在外地打工，要么求学在外，平时根本没有时间回家，所以他们只能利用春节的假期回来探亲。在访谈中，所有的村民都谈到了在外居住或打工的子女会在春节时回来，如 5 组的一位翦姓村民谈到了分别定居在广东、常德、长沙和西安的 4 个子女平时根本没有时间回来，但是一到春节，他们就都回来了，一般住上十天半个月就各自回去了。同时，前面曾提到的3组翦老人的小儿子和儿媳，自小孙女生下两个月后就去广东打工，一年中也只有春节才能回家，住上半个月左右。当然，对小孩子来说也更喜欢过春节，一位小孩子曾和笔者说过，（与开斋节比）我更喜欢过春节，因为春节可以放鞭炮！

其他的节日，如五一、十一、端午节和中秋节，“这边都过，清明节是反教的族人过，没有反教的族人不过”，阿訇讲道。这些节日，虽说没有较长的假期，却已融入他们的生活之中。如在端午节时，村民们不仅包粽子，而且认为一定要在房前屋后洒雄黄，否则各种虫子就会很多，如蜈蚣呀，蜘蛛呀，等等。就如房东四嫂对笔者说：“因为今年的端午节没有洒雄黄，所以，房子里发现了蜈蚣，明年一定要洒雄黄的。”中秋节也同样受到村民的重视，在节日前，人们就开始念叨“要过中秋节了！”

在调查中，有的村民也提到了：“现在过春节也觉得没有意思了，不像小时候，那时过春节好高兴呀，现在感觉天天都在过节，没有什么意思了。现在的年轻人，反倒是对外国的节日比较看重，什么情人节，圣诞节呀！尤其在城市里，这些节日更热闹，农村里要差一点。”

从湖南维吾尔族对节日的不同关注看，翦姓维吾尔族穆斯林主要以宗教节日和国家的法定节日为主，只是在春节时不举行祭祖和上坟仪式；反教的翦氏族人与当地的汉族一样，除了法定节日外，还要过清明、七月半。但是，考虑到特定的民族节日强化着民族的共同集体记忆，是一个民族的思维和行动的历史文化坐标系。[①] 所以，从所过的节日也可以窥见翦姓维吾尔族的文化认同已在发生变化，如有些年轻村民对西方的文化已具有认同意

① 舒开智：《传统节日、集体记忆与文化认同》，载《天府新论》2008年第2期，第124－127页。

识，如情人节、圣诞节等；另一方面，非穆斯林族人参加宗教节日的传统是强化族人们集体记忆的、行之有效的手段，但已趋弱化。

综上可见，湖南维吾尔族因内部伊斯兰教信仰的分化表现出族人对人生礼仪和节日的不同关注。但是，这些不同的关注并没有影响到族人间在很多方面仍具有的共性，如生子、过春节、端午节以及中秋节等。

人类各种族根据各自所处地理环境选择的生存方式，使各文化类型的物质文化、制度文化和精神文化都与特定的自然地理环境有着或显或隐的联系。人类文化与所处的环境有着本质必然之联系，亦是对自然挑战的回应、对自然提出问题的有效解答，因而就不能不具备由地理环境所规定的文化特色。由于自然环境的多样性，导致了人类早期物质文化的多样性，使得人类在衣食住行各个方面都无不带有特定环境所规定的特色，而人类的衣食住行作为人类生存的最基本的要素，最明显地展示了自然因素向着人类文化渗透和融入的初始过程。例如在房屋的建造上所反映的多种因素中就包含了当地的气候和可用材料性质等自然地理环境的因素，以及与自然进行物质交换的特殊方式。[1] 因此，湖南维吾尔族所形成的文化现实自是无法摆脱地理环境与人文环境的影响，生活中的风俗习惯早已植根于他们的文化模式之中了，具有当地特色。

① 许苏民：《文化哲学》，上海人民出版社，1999 年，第 91 页。

第三节 宗教信仰状况

正如前文所述，目前翦姓维吾尔族的宗教信仰延续着清朝的历史传统，主要分为反教的和仍坚守着伊斯兰教信仰的翦氏族人。在调查中亦发现，村民们有多重信仰的趋势，不仅道教信仰中掺杂着佛教信仰，而且从翦姓穆斯林家中张贴的观音、太上老君以及倒“福”等，亦反映出翦姓穆斯林族人具有多重信仰倾向。

一、“念功与把斋”

回维村共有11个村民小组，除去以汉族为主的1组和以回族为主的7组外，明确“反教”的是8、9、10、11组；3、4组至少有五成以上的家庭反教，甚至有的村民说有近八成的家庭反教了；仅有2、5、6组的村民没有反教，仍然坚守伊斯兰教信仰。从回维村家户的统计看（见表2－1），在289户翦姓维吾尔族家庭中，没有反教的家庭大概是115户，反教的家庭约有174户，反教的家户明显多于没有反教的户数。这一点与枫树清真寺翦阿訇于2006年的统计大体相同。他对不同信仰的人数进行统计，统计结果是：“反教”的人数远多于没有“反教”的人数。

（一）翦姓穆斯林宗教信仰状况

没有反教的湖南维吾尔族（2、5、6组）伊斯兰教信仰的状况不容乐观。笔者将从伊斯兰教教规规定的五项功修要求，即念经、礼拜、把斋、天课和朝觐来体现湖南维吾尔族的宗教信仰状况。

图 3－7　回维村清真寺

一是念功。“念功”主要指诵念“清真言”，它是人们皈依伊斯兰教的宣誓词。在回维村会诵读“清真言”的翦姓维吾尔族不及 10 人，不足翦姓穆斯林的 10%，且仅限于经常到清真寺礼拜的族人中。穆斯林见面互道“色俩目”同样限于到清真寺礼拜的村民。对于念《古兰经》，除了清真寺的翦阿訇、老师傅以及清真寺阿訇带的 2－3 位徒弟外，村子中可以念简单《古兰经》只有翦象业老人，除此之外，几乎没有人会念《古兰经》。

二是礼功。礼功又称为拜功，是指穆斯林按照伊斯兰教要求每天按规定的时间礼拜五次；同时每周的聚礼（即主麻日）和每年的宗教节日（开斋节和古尔邦节）也都要到清真寺礼拜。村子中，除了清真寺的阿訇和老师傅每天礼五番拜外，普通的村民没有遵守五番礼拜的教规要求。

每周的主麻日，只有不超过 5 位翦姓维吾尔族到清真寺礼拜，即便是农闲时间。就拿笔者去年参加的一个主麻日看，只有1位妇女和6名男子参加。这6名男子中，有一位阿訇和两位老师傅，余下只有3名普通的村民参加主麻日的礼拜，且其中还有一位回族，可见参加主麻日的翦姓维吾尔族村民寥寥无几。今年，从笔者参加的几次主麻日看，到清真寺礼拜的村民人数与去年相比基本相同。当问及阿訇："平时来清真寺礼拜的人数怎样?"他答道，"也就是这样子，两年来没有什么变化"，"人员上也没有什么变动，就是那几个人"。

斋月间礼拜的情况可以从每晚到清真寺礼拜的人数上窥其一二。（表3－2）斋月间，枫树清真寺每天晚上都开放，只是不供餐。村民们晚上均可去清真寺礼拜，一个是婚礼，一个是霄礼，但主要是宵礼。婚礼有时只有阿訇一人礼拜，有时有3人左右。

表3－2 斋月中回维村村民的礼拜情况

时间	参加人数		组	备注
	男（维）	女（维）		
8月21日（人斋）	10（6）	9（3）	5、6、7	3个老师傅；1名回族
8月22日（斋月）	10（6）	7（1）	5、6、7	
8月23日	10（6）	7（1）	5、6、7	同上
8月24日	10（6）	8（2）	5、6、7	1名儿童
8月25日	10（5）	7（2）	5、6、7	有2名来自鼎城长毛岭的回族
8月26日	6（3）	7（2）	5、6、7	7组一位；1位回，2位老师傅
8月27日	6（3）	7（2）		
8月28日	6（3）	6（1）	5、6、7	
8月29日	6（3）	7（2）	5、6、7	

续表

时间	参加人数		组	备　注
	男（维）	女（维）		
8月30日	9（5）	6（1）	5、6、7	
8月31日	7（5）	6（1）	5、6、7	
9月1日	6（4）	9（2）	5、6、7	
9月2日	8（4）	8（2）	5、6、7	
9月3日	9（5）	7（2）	5、6、7	
9月4日	7（3）	6（1）	5、6、7	
9月5日	6（3）	6（1）	5、6、7	
9月6日	6（4）	4（1）	5、6、7	
9月7日	7（5）	5（1）	5、6、7	
9月8日	6（3）	6（1）	5、6、7	
9月9日	7（3）	7（1）	5、6、7	
9月10日	8（4）	7（1）	5、6、7	
9月11日	9（5）	7（1）	5、6、7	
9月11日	9（5）	7（1）	5、6、7	一位不会礼拜的陌生人
9月12日	7（3）	10（1）	5、6、7	
9月13日	7（3）	10（3）	5、6、7	妇女中含2个小孩
9月14日	9（5）	9（1）	5、6、7	
9月15日	10（6）	11（1）	5、6、7	
9月16日	8	6（1）	5、6、7	夜头，有2组的村民
9月17日	7	6（1）	5、6、7	
9月18日	8	10（3）	5、6、7	2小女孩加入
9月19日	8（5）	10（3）	5、6、7	同上
9月20日	7（5）	10（3）	5、6、7	同上

斋月中，每晚的宵礼大约有6位翦姓维吾尔族村民参加，他们分别是翦鹏飞（村中4组）、翦象福（村中4组）、翦万元（村中5组）、翦老（村中5组）、翦林心（村中5组）和翦菲凡的父亲（村中6组）。参加礼拜的其他村民则是回族，主要有刘老（老师傅，枫树新屋村），王章智（5组）、一薛姓回族（7组）、清真寺的寺师傅（7组，现住清真寺）。整个斋月的礼拜情况基本没有变动，有时赶上个别人有事，偶尔会有变动。当问及清真寺的翦阿訇去年斋月中礼拜情况时，他讲道："自去年开始就是这些人，没有多大的变化。"而问道，"那些不来礼拜的村民会在家中礼拜吗?"他说，"不会，没有在家里礼拜的"。在村中的调查也证明了这点，即除了斋月间每晚到清真寺礼拜的这6位翦姓村民外，几乎没有其他翦姓维吾尔族村民礼拜。

在斋月中到清真寺礼拜的妇女，除了一位翦姓维吾尔族妇女外，其他均为回族，她们是外嫁过来的，丈夫一般为翦姓维吾尔族。因为，湖南维吾尔族历史上禁止家族内通婚，这点在第三章第二节中已有详述，所以湖南维吾尔族妇女一般都外嫁他乡。除此之外，还有一位小学6年级的学生在斋月中礼拜，她是清真寺翦阿訇的女儿，在斋月即将结束时，亦有一位小学四年级的女孩，跟着她的奶奶过来礼拜。

从到清真寺礼拜的村民看，主要来自于5组，居住在清真寺附近的6组似乎少有人来。在访谈中，一位王姓村民介绍说："现在村中，宗教信仰最正宗、最浓厚的还是5组。"事实也是这样。

开斋节，村民的礼拜情况与斋月中参加宵礼的人数基本一致。不可否认，开斋节这天有近50人到清真寺过开斋节。其中有各小组的组长、村支书以及寺管会成员，同时乡里也有两位领导过来看望。在这50人中，有一半以上的人不参加礼拜，这些人部分是过来的领导，部分是翦姓穆斯林，但是，这部分人认为只要到清真寺来就算过节了，因此，参加礼拜只有19人。这19人中，不仅有回族，也有从常德市和枫树乡其他村庄赶过来的非回维村村民，如有4位（3位翦家族人，1位回族）是从枫树乡的金鸡山赶来的。因此，开斋节到清真寺礼拜的回维村村民仍是笔者熟悉的那几位，基本没有变化。

三是斋功。斋功是要求每一位有能力的穆斯林都要封斋，具体要求是每日早晨日出前和傍晚日落后才能用餐，白天禁止进食，包括水，目的是使富有者体验贫困者的疾苦，启迪富有的人要救济贫困者。就拿2009年的斋月看，整月封斋的只有清真寺的翦阿訇、阿訇的妻子，还有刘老师傅（84岁，回族，非回维村村民），其他人没有整月封斋的。有的村民只封了几天，如一位翦姓村民只在斋月的前几天封斋了，后因工作的繁忙就没有再封了；另一位村民（回族）因为身体的原因只封了头三天；翦卫兵阿訇的女儿，在开学前封斋了，开学后就没再封了。除此之外，没有村民封斋。有的翦姓维吾尔族去年封斋了，今年由于工作比较繁忙就没有封斋，如翦象福和王章智。当问村民为何没有封斋时，村民要么说“封的么斋，封斋了，谁去插田”；要么有人借故身体状况不好而没有封斋。

四是课功。对于捐“乜贴”一词，相当一部分村民对它很陌生。如果你改成“散天课”的说法时，没有反教的村民几乎都知道。但是，他们都将其理解为向清真寺捐钱。在访谈中，大家都说“捐的，每年都捐，今年也捐的”。但是，笔者在2009年的“乜贴榜”中却没有找到这些人的名字。

然而，所有捐“乜贴”的人中，没有一位按照伊斯兰教教规的规定，捐出自己年收入的2.5%，仅是出点钱（10元~100元不等）表示一下（表3-3）。就如清真寺的翦阿訇所说，“是那种随人情似的”。同时，村民们也没有视“乜贴”为一项必尽的义务，而是认为捐了“乜贴”，真主就会保护你，对你有好处。这点从斋月里的“乜贴榜”可以看出，有村民的“乜贴”是以未成年的孩子名义捐出的，言外之意是希望真主保佑他们的孩子。事实上，没有经济收入的人是不需要散天课的。

表3-3 2009年枫树清真寺斋月的乜贴榜

序号	姓名	民族	乜贴	所在地	备　注
1	翦万昌	维	100	常德市	已故，清真寺
2	黄玉珍	回	100	常德市	翦万昌爱人
3	马叔平	回	送油香	回维村11组	
4	翦鹏飞	维	50	回维村4组	
5	翦金美	维	毛巾	青林乡	翦卫兵姐姐
6	翦智慧	维	100	回维村6组	
7	翦英豪	维	30	回维村6组	
8	李仙凤	回	20	回维村6组	
9	薛悟生	回	20	回维村6组	
10	翦英彩	维	30	回维村6组	
11	翦英红	维	30	回维村6组	
12	翦英军	维	30	回维村6组	
13	蒯文建	汉	10	回维村6组	翦姓维吾尔族的女婿
14	范子洋	回	10	回维村6组	
15	翦聪	维	30	回维村5组	一户村民的孙子，6岁
16	翦睿	维	30	回维村5组	一户村民的孙子，4岁
17	翦傅文	维	10	回维村6组	
18	刘鼎章	回	50	新屋村	
19	翦英政	维	15	回维村6组	

续表

序号	姓名	民族	乜贴	所在地	备　注
20	黄月娥	回	30	常德市	原回维村 5 组
21	翦（刘）国清	回	40	黎家坡村	
22	陈启协	回	40	黎家坡村	
23	王章义	回	100	桃源县	原回维村 5 组
24	翦菲凡	维	20	回维村 6 组	不及 20
25	翦金蝉	维	50	回维村 4 组	
26	翦三毛	维	30	回维村 4 组	
27	黄巨武	回	50	青林乡	老师傅
28	翦 斌	维	100	常德市	原 5 组
29	翦三才	维	20	6	
30	翦林平	维	50	2	
31	翦明	维	30	6	
32	翦阶成	维	50	6	
33	翦菲	维	30	6	以上三父子
34	马先斌	回	米、茶	6 组	
35	王怀玉	回	50	5	5 组村民的女儿和女婿
36	李联忠	汉			
37	翦其伍	维	50	5	
38	翦林丰	维	40	5	
39	翦搞三	维	20	6	
40	薛金志	回	冬瓜	7	
41	田河水库	单位	200	枫树乡水库	

续表

序号	姓名	民族	乜贴	所在地	备　注
42	翦立军	维	50	金鸡山村	
43	翦林义	维	100	9	寺管会主任
44	翦林斌	维	15	6	
45	马桂仙	回	30	桃源县	
46	翦象忠	维	40	黎家坡村	
47	翦万福	维	40	黎家坡村	
48	翦涛	维	100	6	
49	回味	维	50	4	维吾尔族开的农家乐
50	翦琴华	维	20	6	
51	翦福祥	维	30	10	村长
52	翦象民	维	30	3	
53	马爱华	回	50	6	
54	村委会 200				
55	乡政府 1000				
56	麦子钱 80				

五是朝觐。对于朝觐，95%的村民不知道何为“朝觐”。有的村民直接表示“没有听说过，不知道”；较好一点的回应说，“是不是要去国外？”目前看，整个回维村没有一位朝觐过。在翦家的历史上只有1位朝觐者，即翦万逵阿訇，他于1919年赴麦加朝觐天房。[①] 村中一位村民告诉笔者：“目前村子中的现实状况是：按理说有朝觐能力的村民占一半以上，但是，有经济条

① 马善平编：《桃源县民族宗教史》，2004年，第125页。

件的没有那个想法，而有想法的却没有经济条件”。

从以上五个方面看，回维村翦姓维吾尔族穆斯林的伊斯兰教信仰状况不容乐观。但是，在调查中你会发现，那些没有反教的族人会经常向你表述“我是正宗的穆斯林，我信仰伊斯兰教”。在村民眼中，宗教信仰的虔诚主要指不吃（猪）肉，“我们是正宗的穆斯林，是祖传下来的，我们不吃（猪）肉”，村民们经常用这句话向你表述自己的穆斯林身份。至于伊斯兰教教规要求，如五大功修、诵读清真言、念古兰经等，这些在村民看来并不是衡量一个穆斯林的标准。这些事项，他们要么认为是老师傅的事情与他们无关，如他们会说，“我们又不是老师傅，礼么的拜”、“老师傅才有经名，我没有”；要么以“离清真寺远”、“农活忙”或“忙于其他的事情脱不开身”为由加以拒绝。笔者在村子访谈期间，发现每天都有很多的村民聚在一起打牌或者打麻将，有时去各家访谈时见不到人。村子中，至少有五家茶馆专供村民打牌，茶馆中聚集很多打牌和打麻将的村民。

有的村民对自己不参加礼拜，或者不捐乜贴给出自己的解释。如有位村民说：“一是离得远，再就是账目不清，2008 年以后，我就不捐钱了。在此前，我都是捐的。”有村民认为“捐的钱都到了个人的腰包，不知去向，没有账目可查”，再就是“有些人明明是反教了的，可却在寺里任职，那不信仰伊斯兰教的人会为穆斯林民众好好的服务吗？他们根本不会的，也不可能的。”笔者倒没有去查询账目的去向，但是，斋月中的乜贴有专门的村民负责管理，每个村民的捐赠数目都有清楚的记录，并贴在清真寺里面，同时斋月结束后，负责人也将一年的收支情况详细列出后，贴在清真寺大殿的寺门上，供大家监督。就此事问清真寺的翦阿訇（他不管钱，有专门的寺管会管理账目）时，他说，“（捐乜贴）好像没有什么变化，不过现在就是给兄弟单位发请帖，然后，他们过来就像随人情的那种，捐些钱。他们过来吃一顿饭，每人发包烟，就走了”，“普通村民来的少，有的村民来了，也是不捐乜贴的，就是过来吃顿饭。所以，感觉差不多。大部分村民也没有这个意识，这是我来清真寺之后，村民捐乜贴的多了一点，有的有这个意识了。以前都没有这个意识。”所以，村民们给出的解释只是他们对清真寺管理上的一些意见和看法，当然也会影响到他们对伊斯兰教的信仰，但似乎不是他们宗教观念淡化的主要原因。

法国国家科研中心研究员马太·多冈在《西欧宗教信仰的式微》一文中论述到：“在信与不信、虔诚与不可知论之间都有许许多多居间的位置；而大多数人表现犹豫不决，感到为哲理所折磨，感到在传统习俗、成规、旧框框，没有意义的宗教仪式以及玄学的偏见等重叠交错的困扰下难以找出一条道路。”[①] 贺萍在对和田民族文化变迁的现状的实证分析后指出：“新疆少数民族的宗教信仰，在其社会经济生活中既有积极的一面，也有消极的一面。总体看来，当前负面影响相对明显，特别是对新疆少数民族发展尤其是经济发展未发挥出促时作用。”[②] 蒋丽蕴在当代新疆农村维吾尔族宗教作用分析中认为，“宗教本身在更大程度上沦为仪式、符号、其终极价值意义几乎不起主导作用。我们看到，愿意孩子送入经文学校为宗教献身的村民的比例仅占总数的5%左右，这种以宗教作为终极价值的选择在维吾尔族农村中已不占主导地位。”[③]

事实上，宗教信仰在当下的式微，不是湖南维吾尔族所特

---

① 马太·多冈著，仕琦译：《西欧宗教信仰的式微》，见中国社会科学杂志社编：《社会转型：多文化多民族社会》，中国社会科学杂志社，2000年，第146页。

② 贺萍：《新疆少数民族文化变迁现状的实证分析》，载《民族问题研究》2007年第3期。

③ 蒋丽蕴：《当代新疆农村维吾尔族宗教行为分析》，载《西北民族研究》1999年第1期，第74页。

有，随着社会进步及人口移动，工作、学习节奏加快，全世界几乎所有国家中的各个民族的宗教信仰状况都呈平缓下降趋势。但是，“无论宗教信仰发生如何巨大的历史变化，深藏于民族内心的更为本质的民族生存方式、民族文化传统才是隶属于该民族的特征文化。”①

（二）宗教影响下的习俗与宗教节日

虽说没有反教的村民没有严格遵照伊斯兰教的功修要求，但是他们却保留着祖上留下的、与宗教信仰相关的一些习俗，主要体现在斋月前的上坟和斋月里的立碑、开经、倒油锅等。如下，笔者从斋月前、斋月中的村民活动以及开斋节和古尔邦节几个方面顺序展开回维村穆斯林村民在宗教影响下的宗教习俗与宗教节日。

斋月前的上坟。2009 年，常德地区的斋月是公历的 8 月 22 日。进入斋月前的一个礼拜，翦姓维吾尔族穆斯林（主要是指没有反教的 2、5、6、7 组）忙着接阿訇或老师傅去自家坟地上坟。在这个仪式中，家人不做任何其他事情，如放鞭炮、烧纸或给先人带水果供品等，只是到坟地上恭敬地站立，听阿訇或老师傅念经，整个过程持续 10－20 分钟。正因为上坟要接阿訇和老师傅，所以，斋月前一周，清真寺的翦阿訇和老师傅们都比较忙，如清真寺的翦阿訇不仅被村民邀请去上坟，自己也抽出一天的时间回青林官山老家给自己的父亲上坟。据村民讲，这个仪式是接先人回家过斋月的。但从阿訇那里得知，“严格按照伊斯兰教教规与教义来说，没有这个意思，这是老百姓自己的一个想法”。

斋月中的“开经”、“倒油锅”和做“夜头”。

① 秦裕华：《区分民族文化认同与宗教认同》，载《中央民族大学学报》（哲学社会科学版）2005 年第 2 期。

开经：开经是很多场合都可以举行的仪式，即诵念《古兰经》。比如说，给亡人做“四十”，就是亡人去世40天的祭日，也是一种祭奠的仪式；家里盖房、子女升学或家里有人外出等，都可以举行开经仪式。斋月里的开经仪式是一年中举行最多的时期。因为，斋月是湖南回族和维吾尔族举行立碑仪式的主要时期，每家立碑之后，都要举行开经仪式，所以，一般情况下，斋月中往往是立碑与开经相伴随的。立碑的过程：先是家人去坟地将碑立好，然后请阿訇或老师傅到家里举行开经仪式。阿訇和老师傅要事先通知，约好时间，每个开经仪式一般用4小时左右。如果时间不允许，比如说，在斋月中有时会赶上几家在同一天开经，这样就要视情况缩减时间。程序就是：事先将经担子请来，一般是由寺师傅送到举行开经仪式的家里，然后阿訇或老师傅在约定的时间到达，将《古兰经》诵读一遍。事实上，也并不是都诵读完，有适当的取舍，却没有取舍的原则。在调查中发现，清真寺的翦阿訇参加最多的就是开经仪式，这与斋月有一定的关系。斋月结束后，清真寺的阿訇偶尔也会参加湖南维吾尔族和回族穆斯林的开经仪式，平日里一般以祭奠亡人举行的开经仪式居多。

倒油锅：《桃源县民族宗教史》介绍：湖南维吾尔族“每逢民族节日或纪念先辈或还愿‘举意’还要‘倒油锅’，即制作‘油香’食用，并馈赠其亲友。”[①] 倒油锅这一习俗，在没有反教的村民中有很好保留。凡是没有反教的人，在斋月中，尤其是斋月行将结束时，每家都倒油锅。倒油锅要请阿訇或老师傅念经，持续20分钟左右。有的村民在倒油锅这天请客，特意邀请四邻、亲戚和朋友到家中吃饭。村里的人（更多局限在本村民小组内）都可以来吃饭，“过来吃饭呢，当然是欢迎的，但是不来呢，主

---

① 马善平编：《桃源县民族宗教史》，2004年，第67页。

人也不怪罪”，据说这是做功课的一种。如 5 组一户翦姓维吾尔族就是将倒油锅的日子选在做夜头的这天，还请阿訇和老师傅开经。他家共摆了 10 桌，是 5 位兄弟共同分担费用，总计花费在 5000 元左右，其中包括给帮忙的人包的钱（每个帮忙的人都包了 30 元钱），还有给开经的阿訇和老师傅包的钱。过来帮忙的人从早忙到晚，听说晚上还有客人过来吃饭。村中的黄阿姨和王师傅的爱人早上六点钟就过来帮忙炸油香，炸油香共用去 30 斤面粉。听村民讲，炸好的油香要送给周围的邻居（一般是同组的人家），每家送 3 个，再就是送给亲戚和朋友。村民同样赋予这一仪式以特殊的意义，即这是送祖先走。当然清真寺的翦阿訇仍然是否认这种观点的，他说：“这只是村民的一个想法，从伊斯兰教的角度看，没有这样的说法。”

做“夜头”：“夜头”，就是伊斯兰教的“盖尔德”夜，在伊历斋月的第二十七日夜。其中文意思就是高贵之夜，因为真主在这一夜将《古兰经》从仙牌上降到了第一层天，也是在这一夜《古兰经》开始降示，其尊贵自不待言。据说，在这一夜晚礼拜两次比一千个月的功修更受真主喜爱，所以村民们认为这天是最好的日子。

夜头这天正好赶上枫树有“场”，也就是集市。清真寺的王师傅和一位热心的穆斯林村民一早去集市上买苹果、梨、瓜子、花生和饼干回来，并且在清真寺将水果都洗干净，摆放在清真寺的接待室，这些是为做“夜头”准备的。据黄阿姨讲，做“夜头”这天是最好的日子，所以村民们一般选择在今天倒油锅，本来她是打算这天倒油锅的，而她的一位堂弟家里（前述 5 组请客的家庭）要这天倒油锅，叫她过来帮忙，所以她就只好提前两天倒油锅。村民们也喜欢在这天开经，如清真寺的阿訇在这天举行三个开经仪式：一家在本乡的金鸡山（给亡人做 40 天祭日），一家在回维村 5 组（立碑），另一家是现已搬到常德居住的翦姓维吾尔族回枫树乡清真寺开经。可见，村民们很看重这一天，有句话说，“千里路上赶夜头，万里路上赶开斋”。在过夜头的前几天，清真寺的阿訇就向到清真寺礼拜的人讲让他们通知其他村民，哪天过夜头，让大家都来参加。在访谈时，村民们普遍表示来清真寺过夜头，但事实上，这天最多来七八个人，那些在访谈中明确要来的人，似乎都没有见到，见到的是几位陌生人。还有一位回族老奶奶事后向笔者抱怨说，没有人通知她哪天过夜头，所以错过了，她很是生气。

做“夜头”是在晚上的宵礼后，也就是在8:30之后。过来做夜头的村民并没有都参加礼拜，有5位在清真寺外面等待霄礼结束。宵礼结束后，主事的人招呼大家去事先布置好的接待室。大家坐下后，开始吃水果和点心，然后，清真寺的阿訇讲话。他讲话的内容主要有两个方面：一是说明夜头的来历、它为何在穆斯林民众心中重要以及为何被称为“高贵之夜”；二是希望大家在开斋节时都过来，用他的话讲“人多力量大，如果每家出一个人来，那我们这儿的宗教气氛就浓厚起来了”。可见，做“夜头”，一是宣教，向大家普及宗教知识；二是为开斋节做准备，再过四天就开斋节了。

听村民讲，做夜头的意思是将祖先们接回清真寺过节，这天过去之后，先人们就回走了。对此说法，清真寺的阿訇同样予以否定。村民们还向笔者表述他们对祖先的态度：“我们不像‘汉教’那样认为为先人做事就是让他们保佑我们，我们的意思是帮助他们，让他们知道他们有后人。”

开斋节。开斋节主要是庆祝斋月的结束。在开斋节这天，穆斯林民众要大净，穿着干净的衣服来清真寺做礼拜，然后在清真寺聚餐。

9月21日是2009年的开斋节。这天早上8点钟已陆续有人到达清真寺。过来帮忙的3位妇女头戴头巾，在早上6点钟左右就已经过来准备饭菜了。由于还没有到达礼拜时间，先到来的村民三五成群地在清真寺院子里聊天。与平时礼拜的冷清相比，开斋节这天来的人多一些，自然也更热闹一些。当问及往年的情况时，清真寺翦阿訇讲，“往年也就是这样，主要来参加的人也就是斋月里来礼拜的人。”此次约有 50 人左右到清真寺过开斋节，六七成左右是回维村的村民，其中有维吾尔族，也有回族，当然还包括近 10 位妇女。除了本村的人外，其中有一位回族和三位翦姓维吾尔族是从枫树乡金鸡山步行两个小时赶来清真寺过开斋节；还有从常德、青林等处赶来的翦姓维吾尔族。除了普通的村民外，参加开斋节的还有各村民小组的组长、回维村的村主任以及官方的代表，即乡里的两位副乡长。

礼拜的时间大概在早上9: 30 左右。礼拜前翦阿訇给每个人发一支香，然后站在清真寺的院子里，诵经过后，大家进入大殿，先将香插在一个香碗里，然后坐在大殿上，共 22 人。这时，阿訇开始讲授民族知识和宗教知识。这个过程大约持续 20 – 30 分钟，然后进行开斋节的礼拜。在礼拜开始前，有两位走出大殿，礼拜大概持续半个小时。礼拜结束时大约是10: 30。此次参加礼拜的共 20 人，还有一位村民中途离开。在所有礼拜的人中，至少有三人是不太会礼拜的人。总体看来，在礼拜的人中，有超过半数的翦姓维吾尔族。这次礼拜，妇女不参加，她们只是过来帮忙、做中饭。主事的人告诉笔者，由于今年人手不够，所以没有炸油香。

听清真寺翦阿訇讲：“礼拜结束后，原则上要去游坟的，但是这边不游了”。由于这边没有公共墓地，所以，也不好组织游坟活动。因没有游坟的事项，礼拜结束后，大家在院子里聊天，等待聚餐。不到 11 点，大家就已准备吃午饭了。另据阿訇介绍：“由于这边参加开斋节的人不多，所以就准备午饭了。”午饭共八个菜，三个锅仔（一个冬瓜、一个巴掌牛肉、一个炖小芋头)，五个炒菜（牛肉炒胡萝卜丝、炒鸡肉、牛肉丸子、炒白菜、油炸花生米)。一共摆了四桌，三桌在清真寺，一桌在村委会，原因是，摆在村委会的这桌是要吃酒的，所以不能在清真寺，并且听说这桌的人特别多，约有十几二十人，大家甚至没有地方坐，几乎是站着吃的。

开斋节，乡政府出资1000元，作为乡里对湖南维吾尔族宗教事务的支持；村委会出资200元，亦有同样的目的；再就是田河水库出资200元，除此之外没有其他的兄弟单位过来参加。

古尔邦节：古尔邦节又名“忠孝节”或“宰牲节”，是穆斯林的又一个盛大节日，具体时间从开斋节后推七十天即为“古尔邦节”，其意思是“献牲”。枫树的古尔邦节，笔者没有赶上，所以没有多少发言权。但通过访谈清真寺的阿訇得知，这边的古尔邦节一般情况下不宰羊了，只有在特殊情况下，如有客人来访时才宰羊，并且也不游坟了。所以，古尔邦节与开斋节的过法大体相同，即在当天礼拜后聚餐。

但有一年的古尔邦节村民们多次向笔者提及，即2007年的古尔邦节。那一年，新疆哈密青年卡斯木·买买提的“行万里送祝福”活动在古尔邦节这天到达枫树乡，当时县民委和县体委等四个单位举行了隆重的欢迎仪式，同时在常德工作和经商的其他维吾尔族同胞也一起来清真寺做礼拜、宰羊、做手抓饭、跳舞等，当年到枫树乡中学支教的马若彦也在枫树，这是个令村民难忘的古尔邦节。在2009年的古尔邦节也举行了宰牲仪式，在常德地区工作的部分新疆维吾尔族同胞也来到枫树清真寺做礼拜，欢度古尔邦节，并且桃源县电视台录制了过节的整个过程，不仅在桃源县的新闻中播出，而且放在桃源县政府的网站上供大家浏览。

枫树乡清真寺不论是开斋节或古尔邦节都具有半官方的性质，即除了穆斯林民众参加外，乡里的领导或是其他受邀请的单位也会参加，并出些人情钱。因为枫树清真寺办节日是增收的主要来源，每年的开斋节或古尔邦节由村、寺管会组织，邀请乡政府有关单位及回维族群众共庆（即参加者出钱），以维持开支。事实上，从斋月后整理出来的清真寺一年的收支情况看，清真寺已作为一个单位，在接收其他单位的“人情”钱时，如遇其他单位有事，也会随出人情钱，如枫树乡动物检疫楼落成时，清真寺送 200 元礼金。

综上所述，湖南维吾尔族穆斯林虽对宗教知识掌握非常有限，宗教意识已极其淡化，但是，仍有少数的湖南维吾尔族在清真寺的影响下、在清真寺阿訇的带领下坚守着淡薄的伊斯兰教信仰。尤其是，宗教影响下的风俗习惯在翦姓穆斯林族人中仍很好地保留与传承。

二、“土地庙”与“佛教”妇女

回维村反教的翦家族人主要信仰道教，兼有佛教信仰。村民对笔者讲，还有信仰耶稣以及天主教的，总之，村民的宗教信仰趋于多元。

（一）“土地庙”

目前，反教的湖南维吾尔族道教信仰主要体现在两个方面：一是，他们的葬礼请道士做道场。如前所述，这一点也正是反教的与没有反教的最本质区别。二是，村中土地庙不仅数量多，而且村子中的几座土地庙历史较为久远。可见，部分村民有信仰土地庙的传统。

据一位村民讲，村中以前共有五处土地庙[①]，目前只剩三处。具体情况是：两处土地庙在2组的翦家桥附近；一处在现在中心小学的后面，也就在原来的翦家岗，即现在的株木山祠；一处在珠园，即现在的4组，现在已经不见了；一处则被称为株木山土地庙，原位于现公路村与回维村接壤处，目前是公路队房子所在地，据说以前就在这排房子的前面，现在也没有了。这位村民还告诉笔者，这五处土地庙各有管辖的范围，但他没有确切地讲每一处土地庙具体的管辖范围。从方位上看，株木山祠在村子的东边；翦家桥附近的两个在村子北边，珠园的土地庙在南边；株木山土地庙位于村西边。

下面以三个与土地庙修建相关的个案以体现反教的翦家族人对土地的信仰。

> 个案3-2：多劫的土地庙。据村民讲，前几年，村里一连死了几个年轻人，所以村中的人们都有点害怕了。于是村里有人提议修一个土地庙（长约0.8~1.0米，宽约0.5米，高约1.2~1.5米，水泥沏成的小庙宇）。抻头的人是2组的一位妇女，她去各家（主要在反教的家庭）筹钱以修建土地庙。其中1组的一位受访者给了她15元钱，“其实我也不信，那她们来收钱，我还不是就得给”。大概是碍于情面吧!？当这位妇女来筹钱时，村里的人并没有反对。反倒是，这个土地庙修好后，上演了一出文化冲突的闹剧。
>
> 2组有一位年轻的翦氏族人，他没有反教，不信土地，就将土地庙甩到水塘里去了。村民们在谈论此话题时一边说，一边笑。这位年轻人在将土地庙掀到水塘之后，还对村

① 土地庙是中国传统民间信仰的一个组成部分。土地庙即为土地神的住处，一般为屋形的小小建筑，高约半米左右。

里人说："它是菩萨，看我把它掀了，它能把我咋样"。后来5组的一位回族村民，将土地庙捡（打捞）出来，将摔坏的地方修补好后，放在一个高处，说是保佑他在村里的养殖场。当笔者见到这个土地庙时，不仅发现了损坏后修补的痕迹，还发现人们拜祭时留下的没有燃尽的香。可见，有村民过来拜祭。

个案3－3：株木山祠。株木山祠也被村民们称作株木山土地庙。据村中人讲，这个土地庙是"'文化大革命'"时拆掉的，改革开放后又有人抻头将它重新建成。当时"'文化大革命'"中积极带头拆掉这个土地庙的人也就是改革开放后抻头修建的那个人。当笔者访谈这位重建土地庙的翦姓村民时，他讲道，"原来的土地庙折了的，人们都有个设想（重新将它建起）。大概是在1989年弄的，年纪大的老思想，一年有几个节日，一年中的两个祭日（二月初二和八月初二，每家各敬各的），平时屋里搞的什么小事事儿，就要去见见菩萨。人们是自由的，求菩萨保佑。这个土地庙管8、9、10、11组。我当时搞来2个泥工，给了钱的。（问：去拜的人多么?）但是现在很难说，平日里去的不多。"这位村民为重新修建这个土地庙，骑了1个多小时的自行车到九龙山请道士画土地公公和土地婆婆，至今他仍将土地公公与土地婆婆的画像保存完好。尤其是，当他听我们讲到有人想重建与公路村接壤处的株木山土地庙时，他还说，"那让那个人来找我，我这里有土地公公和土地婆婆。"

个案3－4：株木山土地庙。据村民讲，村子中最久的一处土地庙是株木山土地庙，即前述位于现在回维村与公路村接壤处的那一个。早两年6组的两位妇女要重建它，但没有得到大家的响应，钱没有收到就没有将其建起。但是，村民们并不确切知道它到底有多久远，是何时建的，何时拆掉的，只是知道那里原来有个株木山土地庙。

综上所述，土地信仰在反教的湖南维吾尔族心中占有比较重要的位置，即便是那位搞养殖的回族也希望土地庙保佑他，否则也不会费劲将土地庙从水塘中捞出、修好、重新立起。可见，村民们在没有土地的情况下总会觉得不安心。虽说，在现代背景下，年轻人多受无神论教育而对宗教信仰有淡化的趋势，但是，从土地庙的重新修建和族人对土地庙所赋予的功能性期待中可以看出，反教的湖南维吾尔族中道教信仰仍是他们宗教信仰的主要部分。

3-6　回维村中的二处土地庙

（二）“佛教”妇女

对于佛教的信仰，村民们都较容易理解，因为，在民间的信仰体系中“佛道不分家”，信佛教或道教本不会引起什么非议。但是，村中却有一位妇女将佛教的信仰推到极致。她本人是回族，嫁给了翦姓维吾尔族穆斯林，而她却在枫树乡的市场上经营一个佛教用品的小商店。据村民讲，她给佛教的寺院捐了1万多元钱，还弄回来个木鱼，每天在家里敲。虽然她看起来信仰佛教，可她又是道家的热衷者，她两次参与村子中重建土地庙的活动，并且是主要的发起人。尤其在 2006 年时，她与另一位翦姓维吾尔族的妻子积极倡导重建株木山土地庙。由于捐钱的人少，后来就不了了之了。最后，她又是一个多信仰的代表，她本身是回族，又在斋月间到清真寺礼拜。她对清真寺的翦阿訇说，“真主没有说她不能信仰佛教。”这是她反驳批评她的阿訇经常用的一句话，这句话，她也曾向笔者表述过。

案例 3－5：信仰佛教的回族妇女。我第一次见到她时是斋月的 9 月 8 日。她在宵礼前来到清真寺，先在清真寺的门口那儿看宣传栏，然后来到院子里和阿訇说话，当时我并没有与她交谈。他们聊的内容是：村子中哪个姓氏是回族。后来一位翦姓村民将我喊到清真寺的大殿里，他本来在大殿里坐着与其他村民聊天，可他见我与她站在一起与阿訇聊天时就特意喊我进去。我多少有些惊讶地跑进大殿，这位村民直接告诉我不要与她讲话，“她这里有病”，并用手指着脑袋，“哦!?”我答道。因为，最初我也感觉到她有点怪。她来清真寺并不像其他礼拜的妇女，表示出对这里的熟悉：要么去清真寺的大殿中坐下，和其他的妇女聊天；要么去清真寺的阿訇那里和他打招呼或讲白话（聊天），完全可以感觉到她是个陌生人，清真寺对她来说也是陌生的。在当天的礼拜中，她又再次出现，在清真寺的门廊那里看，我也坐在那里，但并没有和她打招呼。后来，在回住处的路上，听那位喊我不要与她讲话的村民讲，她是个异教徒，本来是个回族，嫁给了翦氏维吾尔族，但是，她却改信了佛教，并且到处宣传，已经成功地将好几个翦姓的维吾尔族改信了佛教。所以，这位村民说她是“脑子有病”。

几天后，在宵礼之前，她又来了，径直走到阿訇吃饭的地方和他聊天。由于方言的原因，我不知道具体的谈话内容，但可以感觉到只是一些家常事情。过了一会儿后，她就走了。结果，又一天，我居然发现她在大殿中礼拜，我确实有些吃惊。在斋月剩余的日子里，她着实有几天都来清真寺礼拜。所以，在斋月末期，礼拜的妇女们聚到一起就会谈论她，说她如何不会礼拜，某个姿势是完全错误的，如何教给她，如何指导她，等等。后来，又听同组的村民讲，她还弄来了木鱼，每天在家里敲，并给佛教的寺院捐了1万多元。在斋月的那段时间，她已经成为那些穆斯林民众谈论的焦点。

她也主动找过阿訇几回。听阿訇讲，去年来找过他。阿訇说："她是说不过我的。"翦阿訇也曾特意向她传教。她就问阿訇，"那是不是我不能来礼拜?"阿訇说："不是，不是说你不能来礼拜，但是按照伊斯兰教的认主归一的原则……"然而，她坚持认为，"各个宗教是不相冲突的，真主没有说她不能信仰其他的宗教。"所以，阿訇一时也很难改变她。

在斋月即将结束时，她请阿訇为她的公公立碑。听村里人讲，因为是她的婆婆（回族）还在，所以，一定要按照老规矩，一定要请阿訇立碑，并举行了开经仪式。据说她将家中佛像什么的都收起来了，否则阿訇是不去的。后来当笔者向阿訇求证时，阿訇说："她肯定要收起来，否则我是不会去的!"

当笔者走进她经营的佛教用品商店时，她大方地要送我一个玉手镯，并告诉我是已经开光了的。当我拒绝时，她似乎有些不高兴。她知道我在清真寺里出现过，所以她一再向我解释，其实佛和真主是一样的，十全十美的人就是佛，没有犯过错误的人就是佛，真主并没有说她不能信仰佛教。当然这句话她也向阿訇强调多次了。

她的这个观点倒是对我有些触动，是呀，十全十美的人就是佛，没有犯过错误的人就是佛，如果每个人都追求这个广义上的“佛”的话，那世界的和谐何愁达不到呢？

（三）村子中有关基督教和天主教的传说

在访谈中，经常听村民讲，有的村民不仅信了道教、佛教，更有信耶稣的，笔者很想去访谈，但是没有访问到这样的人。笔者在路上确实是见到一户人家信仰天主教，但他是汉族。有的受访者说：“他们悄悄地信，公开不承认，只有两三家，好像都是回族，维吾尔族没有”。在一次访谈的路上，遇到一位老太太，她在斋月里几乎每天都去清真寺礼拜，但是，笔者却听村民说，她以前是反教了的，改信耶稣了，不料得了一场大病，也不去医院，就在家里祷告，后来实在严重了，才去医院治好了。回来后，她就又信伊斯兰教了，并且在斋月间每晚都去礼拜。

一位翦姓维吾尔族村民这样评价他们：“他们是邪教，将基督教神秘化，生病了也不看医生，在家里祷告，是百姓间传的，他们没有场所，没有教职人员，也没有注册登记。”村民对宗教信仰确实有神秘化的倾向。笔者还听说，“有一位村民信耶稣了，得了癌症也不去医院，就在家里祷告，后来实在不行送医院，由于得的是癌症，治不了了，人死了。人死了之后，因为在夏天，天气热，身体没有冷。所以，家人仍不相信人已经死了，回来后继续祷告……”

回维村宗教信仰多元化的趋势充分体现了中国人信仰宗教的普遍心理。回维村虽是一个小村子，但却不是一个与外界封闭的村庄，外界的各种思想和宗教信仰对村民的思想观念都会产生影响。因此，他们的宗教信仰状况具有中国宗教信仰的普遍特点：宗教信仰动机的功利性。有学者对中国农村宗教信仰特点进行概括后认为：信仰动机的功利性、信仰意志的脆弱性、对象的多元性和对教义理解的模糊性等四个方面是中国个体宗教信仰基本特点。[①] 并且这四个特点是相互联系的，具有内部逻辑性。“信仰动机的功利性是农民宗教信仰最基本特征，信仰动机的功利性决定了信仰意志的脆弱性，衍生出信仰对象的多元兼容性。正因为信仰动机的功利性特征，对教义理解不重要，关键要保佑自己，出现对教义理解的模糊性就很自然了”[②]。

在此情境下，村民们的改宗完全是现实功利态度影响下的一种行为模式，他们认为“灵”就可以信，包括自己的祖先，都可以祈拜以求一方平安，并且有时带有几分盲信。他们既不会将各种宗教的界线划得十分清楚，更不会考虑宗教传统和民族的边界问题。这点符合普通中国人的宗教信仰现实，中国的民间信仰中一直存在多重信仰的状况。所以，即便是那些没有反教的湖南维吾尔族穆斯林家中，也会挂有各种与伊斯兰教信仰相违的张贴画，如观音，财神爷和寿星等。

因此，关注湖南维吾尔族的宗教信仰时，不应当忘记湖南维吾尔族的历史传统，即他们所处的生态环境（典型的农业社会）与人文环境背景（与汉族共居）。回维村只是中原地区千万个小村庄之一，尽管回维村村民的祖先来自与中原文化迥异的新疆，但作为一个在中原地区生存了数百年的人群，他们的文化面貌，包括宗教信仰状况不可能完全脱离中原地区以汉文化为主的大背景。外人不应想当然认为或要求他们应该是什么样的文化模式或是宗教信仰体系，他们选择的生活方式和宗教信仰是他们应对自然环境与人文环境的结果，他们是具有能动性的个体。更何况，

① 邱新有：《中国农村宗教信仰特点的微观分析——以铁村黄庄教徒信仰为分析对象》，载《江西师范大学学报》（哲学社会科学版）2007 年第 4 期。

② 邱新有：《中国农村宗教信仰特点的微观分析——以铁村黄庄教徒信仰为分析对象》，载《江西师范大学学报》（哲学社会科学版）2007 年第 4 期。

“宗教信仰自由”不仅是国家政策的硬性规定，更是湖南维吾尔族经常引用以解释他们目前信仰状况的一句话。

第四节　主流话语下的“回维”

如果说新疆维吾尔族是杨圣敏教授所说的“干旱区的文化模式”①，那么湖南维吾尔族则是典型的江南水乡式的文化模式；如果说干旱区的文化更适合伊斯兰教的存在与发展的话，那么处在儒家文化影响下的江南水乡的文化氛围自然是少不了对佛教以及道教的推崇。就湖南维吾尔族内部看，他们虽处在不大地理空间，即一个村庄下，却表现出两种典型的文化模式，尤其在宗教信仰上表现出多元发展的态势。

如何面对民族文化的整合，如何面对自身内部文化体系的多元发展？这时“回维”一词在现代背景下的发明、建构与使用不仅使他们与新疆维吾尔族建立可供认同与接纳的形式，同时也巧妙地处理了与当地回族之间的关系。虽说这个词不是湖南维吾尔族刻意创造出来的，但它的出现和使用使得湖南维吾尔族调和了多个看似矛盾却又一致的认同现实。

一、“回维”村与“回维”族

目前，“回维”一词广泛地出现在官方与非官方的术语中，同时也出现在一些正式或非正式的出版物或文件上，从湖南省庆

① 杨圣敏：《干旱地区的文化——吐鲁番维吾尔族社区调查与研究》，博士论文，中央民族大学，1997年。

祝中华人民共和国建国六十周年的湖南回维族穆斯林文艺会演、湖南省伊斯兰教协会主办的内部刊物《湖南回维族穆斯林》到地方的普通百姓都在使用，那么，这个具有明显地方色彩的称谓，“回维”一词如何出现在官方与非官方的表述之中的呢?

这个村子更名为回维村的时间，目前没有翔实的资料记载，并且很多族人都不十分确定，就连枫树乡的乡长也不确切知道。但是他谈道：“原来这个村子住的族人都被称为回族，后来又更名为维吾尔族，所以就有人直接在回后加个维，就叫回维村了”，“这点也有新疆的朋友质疑我们，说为何不叫‘维回村’而叫‘回维村’？这完全是历史发展造成的，不是刻意为之，否则的话，那一定是叫‘维回村’，毕竟村子里的维吾尔族人口远多于回族人口。”

当就此问题问及村中的另一位名人翦象友时，他说：“应该是在20世纪60年代改的。这个村在明朝时叫翦家岗，清时叫翦旗营，后又叫哈旗营，在民国时期叫后眷村（其实后眷不是在民国时期才使用，最初翦家族人落户桃源时，就将这个地方称为后眷村了。它是军事建制中安置家属的地方，如在台湾亦有后眷村。同时在嘉庆十九年的《源流歌》中亦提到‘业落桃源村后眷’——笔者注），在1956年的时候叫‘回回村’，新中国成立后‘文化大革命’时期更名为‘东风大队’。后来因为，哪里都有‘东风’一词，于是又改成了枫树村，可枫树又与乡重名，一改再改，后来就更名为‘回维村’，具体是谁或是什么时间确定下来的，就不清楚了。这个村名应该是在1956年的‘回回村’基础上改成的。在改名的时候，可能就将原来的‘回回村’更名为‘回维村’。因为村中也有相当多的回族居住在此村。”从乡长和翦象友的回答看，基本的观点是一致的，即是从原来的“回回村”更名为“回维村”。

其实“回维”一词在当下就是对回族与维吾尔族的简化称

法。正如地方精英翦象友认为：“‘回维族’肯定不是国家承认的民族，它是对当地居民一种形象的描述，是在当地的一种方便的称谓方法。”但是“回维”一词确实表明了一定的历史事实，即形象地描述了回族与维吾尔族走过的历史，所以，它也带给人们诸多想象，正因为如此，它也成为外界或者学者赋予象征、探讨意义的来源。

二、意义与功能

首先，“回维”是对历史的描述。

回维村作为地域的概念，它描述了历史上翦家族人与回族共居的事实。历史上，由于哈勒·八士的后人和随行的回回将领一起留居在枫树翦家岗，也就注定了他们共享同一地理空间，如历史上的薛家老屋在目前回维村 7 组；马德成将军的墓地地处回维村 11 组。

这种共居的传统一直延续下来，其后果就是所有村中的人都因处在同一地域空间内而相互熟悉。就拿带笔者去村中调查的一位老爷子（76 岁，回族）来说，他认识村子中所有与他年龄相仿的村民，不论他们的宗教信仰状况如何。当他们在一起回忆历史上所发生的事情时，他们之间有着更多的谈资，其熟悉程度可见一斑。同时，对于他们同龄人的子代情况，如谁是谁家的儿子，儿子、女儿都在哪里工作等一些细小的问题，也有相当的了解。当笔者问老爷子，您是不是认识村子里所有的人？他说：“小的（他的孙辈）就不大清楚了。”因此，回维村这个不大的地理空间确实体现了回族与翦家族人共居的现实状况，其中蕴涵着回族与翦家族人共同的地域与历史认同。

但是，如果将回族、维吾尔族视为两个民族血缘的融合，则多少有以偏代全之嫌，即它只代表了回族与翦家穆斯林在血缘上融合的事实。由于明朝实行的是民族同化政策，禁止有共同信仰的人通婚，所以，那时翦家族人以汉族为主要通婚对象。到了清朝和民国时期，湖南维吾尔族大多与回族通婚，而这时翦家族人内部早已出现了反教的族人，并已具有一定规模，所以与回族通婚的翦家族人一般限于翦姓穆斯林。黄丽的研究显示，“在清朝和民国时期，湖南翦氏与回族通婚率在72.07%～83.10%之间，而即便是在新中国成立后，1949－1996年间，翦姓维吾尔族与回族的通婚率仍达到45%以上”。[①] 在此有一点要强调的是：黄丽所用的概念是湖南翦氏，即整个翦氏族人，而笔者所用的是翦姓维吾尔族穆斯林，是没有反教的翦家族人。在此处之所以可以引用她的研究数据作为参考是因为，她研究明朝之后翦家族人的人口通婚状况时，她只是选取了翦氏八代五房杞公裔桐公大支四子崇伦一支作为研究对象，而这支系在宗教信仰上是没有反教的，所以她的数据代表，也只能代表没有反教的翦家族人与回族的通婚状况，并不是翦家族人与回族的整体通婚状况。

有关湖南翦氏穆斯林与回族世代通婚比较典型的例子是，现居住在回维村7组的薛师傅（回族，1933年出生）和3组的翦象业老先生四代人的亲属关系。翦象业老人说道：“我们和他的家里有四代联姻。往前我就没有去追溯，现在四代是标准的，他的奶奶，是我的姑奶奶，他妈妈，我喊姑妈，他的爱人我喊姐姐，他的两个媳妇也是我们维吾尔族的，就说明，我们现在回、维是一家。”像他们这样四代联姻的例子笔者没有多去调查，但不可否认的是，从历史到现在，老一代人（这里仍指翦姓维吾尔族穆斯林）中回、维通婚是普遍的事实（亦可参见四章二节），并出现了亲戚套亲戚的现象，也恰如当地的一句流行语：“教门

---

① 黄丽：《读〈翦氏族谱〉，探湖南维吾尔族的通婚状况》，载《西北民族研究》2008年第3期。

亲扯不清”。笔者在清真寺见到一位黄姓的老奶奶（80岁，回族），她的长相具有西域人特点：脸细长，鼻子高挺，眼窝深陷，她的母亲就是翦姓维吾尔族，而她的丈夫也是翦姓维吾尔族。这种情况在老一代人中非常普遍。类似于这样的例子，村子中举不胜举。

因此，不论是部分的血缘融合，还是地域共居的历史事实，“回维”确实表明了两个民族相依相生的历史过程，也就使得“回维”的使用在当下情境下，不会使区隔后的回族和维吾尔族产生疏离感。因为，在翦家族人没有认定为湖南维吾尔族之前，他们其中的一部分本身即是回族。当被认定为维吾尔族之后，尤其是在当前情境下他们受到的关注，使得原本是同一民族（回族）的人划清了民族的界线。但是，“回维族”的使用以及经常提到的“维回同源”在缓解区隔后两个民族的心理落差的同时，仍在维持着与回族密切的生息关系和心理联系。因此，在翦姓维吾尔族的表述体系中，从来没有抛弃回族，将回族设定为与他们通过姻亲而建立起来的亲戚关系，并以“回维族”表示。这样的表述既可以看成是融合、模糊了回维族间的边界、平衡了与一衣带水的回族之间的关系，又可以较容易的相互分离成为两个皆然不同的民族，进而不会影响他们与新疆维吾尔族建立民族认同。

其次，“回维”一词成为学者们探讨意义的来源。如黄丽认为：“‘回维’一词如果从宗教信仰的角度分析有了新的含义——穆斯林；同时，‘回维’一词最开始以村名的简称出现，后来人们又赋予它更多的含义，它可以代表一定的地理方位，还可以代表枫树乡的穆斯林。”① 对于黄丽的观点，笔者只是部分同

① 黄丽：《湖南维吾尔族民族认同的构建与变迁》，载《中南民族大学学报》（人文社会科学版）2008年第3期。

意。可以肯定的是，“回维”一词出现在新中国成立之后，它可以用来代表地域的概念，如回维村；也可以部分说明两个民族的历史融合进程，如回维族，但却无法赋予其宗教的意义。因为，回维村村民伊斯兰教信仰的分化已是不言而喻的事情，如果说“回维”一词有穆斯林含义的话，更多是人们对它的主观想象，如果只考虑到翦家族人最初的历史以及现在的“回维”一词，那它似乎与穆斯林有着不言而喻的关系，但是，通过对民族发展过程的分析之后，回维与穆斯林又不能完全相等同。

最后，正因为它所带给人们的想象，使它在当下具有统合民族认同的功能。

“回维”一词的出现统合了历史上翦家族人既已形成的文化多样性。“回维”中的回，可以理解为历史上的伊斯兰教，更可以理解为现在的回族。尽管，在没有认定民族身份之前，湖南维吾尔族有的是穆斯林，有的不是穆斯林，但是，他们作为翦氏家族的后人，一直凝聚在家谱和祠堂之下，淡去了宗教信仰上的分歧。民族成分识别之后，因维吾尔族95%以上居住在新疆，并且新疆的维吾尔族都是信仰伊斯兰教的，因此，人们普遍认为维吾尔族一定都信仰伊斯兰教，而“回维”一词恰恰为这种先入之见提供了落脚点。族人们也无须多解释，外界人也没有必要深究，只凭这一词，就具有了对他们从历史到现在一种相对连贯的想象。

这种具有“以偏代全”之嫌的叙述体系也体现了从历史到现在回教的表述在翦家族人中所占居的主导地位。正如历史上一样，反教的翦家族人由于祖先的穆斯林身份，自认为自己“背叛”了祖先，所以他们被主流话语“隐藏”了身份也没有什么意见。在访谈时，有的村民讲道：“那些汉族（反教的翦家族人）去祠堂祭祖时抬了猪头，但还不是不能进到祠堂里去，他们就将猪头放在祠堂外面，人进去拜祭祖先。”（那他们会不会有意见?)“他们能有什么意见，有意见，那是对祖先有意见，是他们后来反教了，可是祖先是信仰伊斯兰教的，没的什么意见。”反教的族人也认为：“没什么意见，我们的祖人是信仰伊斯兰教的，是我们不信了，我们能有什么意见?”所以，在家族事务中，他们多多少少要做出妥协，按照伊斯兰教的教规行事。如历史上的祭祀，他们虽是反教了的，但是却不能抬猪头进祠堂，祠堂里可以吃酒，但不得吃（猪）肉等。而那些反教的族人似乎也只有通过仍保持伊斯兰教信仰的族人才得以达成与祖先的交流与共识，也就形成了生活上的事情可以自主，但族里的事情或是公共事务则以回族的规矩为主。正如现在一样，没有反教的湖南维吾尔族仍在负责对外的宣传以及与新疆维吾尔族的交流与联系，尤其当清真寺成为一个仪式与接待的场所后（见第五章第四节）亦强化了这样的现实。由翦姓穆斯林进行对外宣传与交流是族人默认的，也是公认的，大概也是历史传统吧！考虑到与新疆维吾尔族建立对话的基础，这也是合适的举措。因此，“回维”一词提供给人们的是模糊性与想象性，它的存在也恰恰迎合了现代背景下民族认同的培养与维系。

虽然现在湖南维吾尔族用“回维村”表明两者在地缘上的融合，以“回维族”表示他们与回族在历史、当下以及将来仍将继续的密切关系，但是，这两个民族的区隔已经建立起来。翦氏族人独特的历史记忆是他们与回族以示区别的主要要素之一，也是翦家族人在认定为维吾尔族时而没有费太多精力的原因之一。正因为如此，回族和维吾尔族在主观上的分离较为顺利。湖南维吾尔族对于族群认同中建构的“他者”回族，有很好的表述与认知体系。他们不再视回族为同一个民族，尽管有共同的信仰，却是通过姻亲关系或者亲属关系加以体现：“我们世代通婚”。在访谈中，村民们会教你如何区分维吾尔族和回族：“我是维吾尔族，正宗的维吾尔族，那些跟哈勒·八士来的将士是回族，他们姓薛、马、张……”

因此，如何将具有共同文化特征的民族划分成两个民族（如以前同是回族，现要分成回族与维吾尔族），如何将拥有两个信仰体系和生活模式的翦氏族人凝聚成一个民族？这一看似“复杂”的过程，由于时间上的延伸而得以缓解与柔和起来。现在看来，民族成分的更改不但没有给翦氏族人造成心理影响，而且现在的村民都以维吾尔族的身份而自豪。翦家族人50年来慢慢地彰显自身的维吾尔族身份时，回、维吾尔族（或汉、维吾尔族）的区分也似乎有些端倪了。因此，没有造成当地回族与汉族对他们的微词与排斥，没有出现类似于泉州的回族在建构回族认同中所引起的当地一些汉族的诟病。因为，“当地汉族原来并不觉得这些回民与他们有什么不一样，但现在觉得回民社区似乎要强调彼此间的不同”。①

① 范可：《全球化语境下的文化认同与文化自觉》，载《世界民族》2008年第2期。

第四章　何为维吾尔族：翦家族人对维吾尔族的身份认知

“民族身份”是一种社会建构，它被建立在一系列有关历史、公民权和“民族”附属物的包容性与排他性之上。

——［美］亨利·A. 吉鲁①

通过第四章的叙述已表明湖南维吾尔族不仅拥有不同于新疆维吾尔族的文化模式，在其内部亦由于历史的长期发展已经形成了二元或多样的文化模式。所以，湖南维吾尔族的文化特殊性似乎已经注定了，湖南维吾尔族的认同模式不论在湖南维吾尔族内部抑或是与新疆维吾尔族的认同都是缺失文化认同基础的，所以，当国家的民族识别赋予了他们一个新的民族身份时，他们如何对这个陌生的族名从一无所知到主动建构，而建构过程又是通过哪些手段达成的呢，是本章及下一章展现的内容。

第一节　新中国成立前的家族体系及其延续

我族虽来自回纥，因始祖八士公而得姓，亦自然同化成

① ［美］亨利·A. 吉鲁著，阎嘉译：《民族身份与多元文化论的政治》，载《江西社会科学》2008 年第 3 期。

为湖南西路之一大族。

——摘自《翦氏族谱（三修谱）》之“家庭意见改造书”

一、“湖南西路之一大族”

历史上，客观文化特征往往作为一个民族的标志，同时亦是一个民族建立认同的基础。翦家族人在清朝时的宗教信仰已经分化（见第三章第二节），进而依据不同的文化模式形成两个不同的民族，即汉族与回族；同时随着翦家族人世袭官位的丢失，人口不断外迁他乡，如枫树乡的金鸡山、青林的明月山，还有更远处的尚治等地，致使翦家族人在居住地域上具有相对的分散性；而在翦家族人内部亦由于各自发展机遇不同而出现了阶层的分化，如地主阶层和赤贫的贫民。那么翦家族人在分属不同的宗教信仰、不同的民族划分以及多种阶层下，如何维系团体的存在与发展呢？那就是家族的观念。

家族意识对翦家族人来说并不陌生。因为，翦家族人有共同的祖先是不争的事实，即便在清朝翦家族人出现了伊斯兰教信仰的分化，宗教不再成为翦氏族人的凝聚力时，家族意识在翦家族人的历史上也从未减弱。这点可以从家族的姓氏和族谱、宗祠的修建以及宗祠作为一个仪式空间举行的祭祀活动得以很好体现。

（一）姓氏和家谱

由于湖南维吾尔族先祖哈勒·八士特殊的历史经历，他们没有继续沿用自己的姓氏，而是以朱元璋所赐汉族姓氏“翦”（见第二章第二节）作为家族的姓氏，繁衍生息。如果只以姓氏“翦”作为族人标志的话，在明朝时还可以达成凝聚族人的目的。因为，翦家享有明朝廷的关照，世袭朝廷的官职，不仅衣食无忧，同时翦姓更是荣耀的象征，加之明朝时家族的规模还很有限，所有这些因素在一定程度上都起到凝聚翦家族人的作用。但是，随着群体的发展，翦家族人不仅人口数量增加，而且人们的生活习俗和宗教信仰均有一定程度的分化，在此情况下，共同的姓氏作为凝聚族人的力量则显得势单力薄，所以，翦家族人就要通过仪式建立族人间的亲疏关系，体现族人共同发展历程，达到凝聚群体的作用。因此，他们从汉族那里借鉴了编修族谱、修建祠堂的手段，以达到追溯先祖，凝聚族人的目的。

中国的族谱兴起于宋代，但是，纸质族谱的盛行是明清以来。族谱作为宗族的重要文献，确立并强化了宗族边界，即血缘边界、地理边界和伦理边界。“血缘关系是宗族边界的天然基础，地理边界是宗族赖以生存和发展的物质基础，而伦理边界则是宗族团结、一致对外的凝聚力依据”。[①] 因此，编修族谱的目的是记录家族之起源、传承与分支，“读‘族谱’知祖先源流及子孙之分衍，进而能够慎终追远，亲爱族人”。[②] 这其中的“亲爱族人”，在笔者看来，应该是培养认同感、维系世系发展最有力的表述。这一点正如《翦氏族谱（三修谱）》的序言（原序）中所提到的“家之有谱犹邑之有志国之有鉴也，然鉴挈其纲可详亦可略，志撮其要可繁亦可简，惟谱之于譬则木然，其根在，是叶万而枝千，譬彼水然，其源在，是流分而派别……”“今夫万物本乎天，人本乎祖，祖之关于人也。不诚大哉，斯谱之宜修也，系其祖之自出本末，渊源而可考……”

因此，遵循着翦氏家谱中倡导的，翦氏族人从乾隆年间开始正式编修族谱，至今正式出谱四次。在《翦氏族谱（四修）》的序中这样写道：

① 谢仲礼：《族谱与宗族边界》，载《广西民族学院学报》2002 年第 6 期。

② 王明珂：《族群历史之文本与情境》，载《西北民族论丛·第五辑》，第 34－35 页。

“翦族谱志，由十三世祖如楫公主修，以九世祖应举公遗稿为本，于乾隆二十九年（1764）完成。嘉庆十九年，山宽公（利宽）历经数载费尽周折，注草志数部，但二次修志不以山宽公草志为本，而以‘黄龙岗’墓碑为凭，致祖父颠倒。因此，二度修志错乱。后有体玖，体瑜公倡首重修，但历经几春，而未告竣。幸有山胜之孙焕南‘恒炳公’承先人遗志，以山宽公草志为本与恒发、恒泰公等内查外调，历经几春，终于完成二次修志，适时为光绪十五年（1882）仲秋。三次修志，由敦颂，恒炳、敦政、万效公等组织商议，历经辛苦于‘民国’十一年（1922）完成。四次修志，是在前三次修志的基础上系统全面的谱查了600多年来，各次修志中所遗留的问题……用时二年时间，展现在族人面前。”①

从上述文字可以看出，尽管翦氏族人认为编修家谱的活动是四次，事实远远不止四次。在正式记载的第一次修谱（乾隆二十九年）之前，翦家族人就一直着手记录家族的生息繁衍历程。最早的九世祖翦应举已编撰族谱，才有后来十三世祖翦如辑于乾隆二十九年的翦氏族志；在二修族谱之前，山宽公在嘉庆十九年就“注草志数部”，只是体玖和体瑜公没有完成，后翦山胜的孙子翦焕南历经几春，终于完成了公认的第二次家谱的修订；随后是翦氏族人于‘民国’十一年的第三次修谱和跨越到现代背景下1996年的第四次编修家谱。

据说现在的回维村，仍有村民保存着翦氏族谱的二修谱，该村民是在四修族谱时从尚治搬迁回回维村的翦家族人。由于四修谱时，修谱的主事人从他的手中借出二修谱时应允他三个条件：

① 《翦氏族谱（四修）》序言，1996年。

一是答应给他 1000 元钱；二是送他一套新的家谱，即四修谱；三是将二修谱完璧归赵。可结果是，四修谱编委会的主事人对这三个条件一个都没有兑现，还将翦氏族谱弄丢了两本。所以这位族人非常生气，以后一概对外人说，“没有谱了，让外人借去没有还回来!”当笔者在村人的带领下找到他时，他就用这句话断然拒绝了看谱的请求。

三修的家谱，现在仍可以找到 1～2 套，但已残缺不全。本来在与回维村邻近的陬市三里铺有一户翦氏族人保存有全套的三修谱，但不幸的是，也是在四修谱时被编委会借去，结果弄丢了一本，现在也只有这套算是最完整的。不过也有村民告诉笔者，桃源县的档案局有全套的三修谱复印本。笔者在档案局查资料时确实见有三修谱，因之前已查阅过三里铺族人的三修谱，所以，并没有细核档案局的家谱是否是全套的。除此之外，想在翦家族人中找到一套完整的三修谱恐怕不太可能。据保存三修谱的这位族人讲，当时在“文化大革命”破四旧时，本来放在火里烧掉的，但是，当时的三修谱装在一个口袋里了，结果幸免于难。

（二）宗祠与祭祀

宗祠是族人们聚会的场合，也是族里议事的地方，更是族人们追宗祭祖的场所。它不仅标志着一个家族兴旺与否，更是凝聚族人，具有象征意义的场所。

据《湖南维吾尔族》介绍，湖南维吾尔族本来没有自己的宗祠，仅有明朝敕建的“镇南堂”。在明末清初时，由于当地汉族都兴建了自家的祠堂，因此，翦姓维吾尔族也仿照汉族，将“镇南堂”作为本民族的宗祠，并实行“族长制”。[①] 翦家祠堂在 1966 年或 1967 年拆掉的，听老人讲，祠堂里的活动并没有在新

① 陈遵望、见闻：《湖南维吾尔族》，岳麓书社出版，1994 年，第 19 页。

中国成立时就终止，一直持续到拆掉之时。因此，有关翦家祠堂的具体情况，有些村民仍有印象，如村民曾给笔者这样描述：

> 因为我那时很小么，六几年，厢房好像是，一进去时一边一个，共两个，再就是天井，有点像北方的四合院那个样子的，上面和那个（天空）是通气的，下雨时水就落到下边的井里，再下面有暗道，水就流走了。厢房一过来就是祠堂的大厅，我记得不是那么很清楚了，当时知道一点是有哈勒·八士的头像，当时，我也不知道是谁的头像，是靠东北面。祠堂的门朝西北方向的样子，墙是马头墙，一般和汉族人的祠堂没有什么区别，唯一的区别是墙的两边坎的兵器，马头墙的墙上头是一梯一梯，有点像北方的烽火墙。我六几年启蒙的时候在那个地方，印象不是很深，祠堂拆的时候是1967年。我在祠堂里面读了几个月的书，就到这边的公办小学来了，它（小学）也不是哪个村的，新中国成立前叫镇南完小，它是国立湖南省镇南清真完全小学。管这个地方也不是哪个乡的、村的小学。我们在这个祠堂里读书的是民班。好像老师就住在厢房里面的。除了天井以外上面都有瓦盖的，应该是这样，很高，有六米的空间。
>
> 这个演变的话，开始是镇南堂，这块儿地基是镇南堂的，后来改成翦氏宗祠，这个中间翻盖了没有，不知道。具体是参看汉文化，但是它有兵器，在进门的门口有两组石碑，标志着出了文官和武官。我那时很小，没有祖先的牌位，它这个事情很复杂，它既是民族的宗祠，里面又有伊斯兰教的文化。这个像汉族人摆牌位是绝对没有的。就是有一个威震南方的匾，黑匾，这个我有点记忆，是鎏金大字，印象还是很深的。当时我纳闷，那个宝剑呀，大枪呀、长矛呀的为何都坎在墙上呢，后来长大了，读了些书就知道了。祠

堂面积可能有 60 平方米，新中国成立后，就改成小学了，镇南小学原来还是有校舍，但是以宗祠为主。

祠堂里有活动，这个要问老人了。像什么识谱呀，编谱呀，重大的活动，族长开会呀，应该是有的。家族的产业，我们知道的就是大堰塘，五房堰是族里的财产，族里面的主要财产在清真寺，清真寺有田，这块地方的田统统都是清真寺的，当时有 30 多亩，族里的族产只有五房堰，是养鱼的。清真寺不代表我们整个家族，但是主线是以哈勒·八士的翦氏宗祠为主。阿訇呀，尼玛目呀什么的都是以翦氏为主。当时拆了后修成了一栋教室。新中国成立后就交给学校管理了。

翦氏祠堂作为一个仪式空间，只有在翦家祠堂中进行的活动才是值得关注的内容，那就是每年两次的祭祀会。翦氏家族的三修谱中所列的《新增凡例四则》对一年中祭祀时间有明确的规定："祠中岁行春秋二祭，注定旧历日期，春祭二月十六日，秋祭八月十六日，遵承祖命，延请阿訇开经一堂，使远近族人知有一定之期，凡临期入祠，沐浴洁净一体，祠祖毋得观望不前有废祠典。"

调查中发现，村中上了年纪的老人对祭祀时间以及具体祭祀过程仍有记忆。有老人回忆说："那时翦家族人举行的祭祀活动叫祭祀会，每年举行两次祭祀会，一次是在春天，是农历二月十六日（据村民讲，这个日子也不知道是哈勒·八士的生日还是祭日，记不得了）；一次在秋季，是农历八月十六日。祭祀会时宰牛，吃巴掌牛肉。只要是姓翦的，愿意参加的都参加，只是不许吃猪肉，也不能带肉，酒可以喝。来的人很多，有一二百人。"虽然村民们对祭祀会中吃巴掌牛肉的事情记忆深刻，但是更重要的内容是祭祀仪式。从祠堂的陈设上看，内设祖先神堂，即牌位。据回维村4组的一位“象”字辈的村民（1939年出生）讲：“当时是有牌位的，只有哈勒·八士和两位夫人的牌位，没有他们儿子的牌位。”并且老人还提到了小时候一种玩笑的读法：“读牌位时，从上至下念可以，不应从左往右念，这样就会出现‘朱王八’一词，就不好了。牌位和汉族人的细节可能不同，但大体相同”、“神堂（就是牌位），木牌漆成黑色，字用金色的，是将三个人的名字写在一个神堂上，就和清真寺寺碑上的字一个样。”（见图4-1）祭祀会的具体内容是：“那时，每年的祭祖仪式，就是姓蒯的族人聚到祠堂里，就像现在的开会一样，讲一讲

图4-1　始祖八士与王氏朱氏合葬墓碑

历史，讲一讲我们的历史来源，然后开餐，一起吃饭。我们也不烧香，不烧纸，就是聚一聚，他们反教的也去，都是族里人，他们信道教，我们信伊斯兰教，我们本来就是信仰伊斯兰教的。小孩子们和妇女都可以参加。后来，蒯氏宗祠就改成了镇南小学（事实上，当时的镇南小学是将蒯氏宗祠包括在内，并不是将其改成镇南小学，两个是各自独立的——笔者注），我还在里面读书了的。”

图4－2　翦氏宗祠（《翦氏族谱（三修）》）

可见，祠堂及在祠堂中举行的祭祀会不仅仅是招呼族人到祠堂聚餐，聚餐之外的重要事情是讲家族的历史，它使翦家的历史记忆成为当下的经验传递给翦家族人，这也正是祠堂发挥其社会功能的主要表现之一。但就聚餐本身来说亦具有重要的意义。它是宗族活动的典型形式，同时兼有娱乐、审美、族化的功能，对强化血缘关系和亲属关系，对加强族人间的接触和联系，对达成族人间的情感交流、心理沟通和信息分享等具有一定作用。[①] 由此可见，祠堂以及祭祀会在横向凝聚族人与纵向历史记忆的传承上对翦家族人的家族式发展都起到了重要的作用，是追宗溯祖、亲爱族人的有力表现。

因此，从翦氏家族的族谱编修到谱中相关家族中各事项的详细规定，以及所设祠堂和祠堂中每年两季的祭祀会，都在有效地维系着湖南维吾尔族历史上的家族发展。正因为翦家族人具有较浓厚的家族意识，所以，历史上他们没有四分五裂，相互间的亲疏关系得以很好的维系。虽然说，历史上他们与回族保持密切的联系，在清朝和民国时拥有近400年通婚历史，但是，他们仍是

① 王沪宁：《当代中国村落家族文化》，上海人民出版社，1991年。

以“翦”姓作为家族标志标示了他们是回部中具有更稳定内核的群体、以一个较完整的家族体系相对地独立于“回回”群体之外。因此，尽管他们与回族有血缘上的融合、有共同的宗教信仰支持，但是，他们还是作为一个具有本族历史记忆的群体并以此历史记忆标示出他们是“谁”。

二、延续中的家族意识

跨越到现代背景之下，湖南维吾尔族仍没有忘记以修族谱的方式来凝聚翦家族人，同时以此宣传自己的维吾尔族身份。翦氏家族的四修谱完成时间是1996年，距第三次修谱不到80年。单从时间上看，80年并不算很长，然而中国却经历了巨大的时空转变。从大的时空背景看，中国从旧中国跨越到新中国，从传统小农经济社会跨越到现代化进程中，传统的家族体系已经趋于瓦解；从小的时空背景看，翦氏族人从原来的“回族”或“汉族”转变成维吾尔族，民族身份亦发生改变。在此情景下，修族谱不但没有受到族人的冷落，反而得到了翦氏族人的积极响应。翦氏族人于1995年3月成立了湖南维吾尔族修志编纂理事会，组织了50多人的修志队伍，历时2年的时间，走访了四川、河南、湖北、云南以及湖南等各地，最终于1996年10月8日完成。编修家谱所需费用几乎全部来自于翦氏族人的捐赠，共有翦氏族人240人捐款，除居住在台湾的八代三房的翦凝送和五代二房的翦凝宏各1000美元外，其他的从2000元到几十元不等，当然也有非翦家族人和兄弟单位出资相助，如本村的童姓（汉族）和邻村的明月山村委会等。本次编修家谱共得款项180915元，其中本家捐款几乎占到全部；其他的捐款共计4770元，不及总数的四十分之一。修订后的翦氏族谱共印300份左右（因为在调查中，没有人提供一个确切的份数），定价300元，结果翦氏族人将其抢购一空。所以，现在在回维村不论是信教的还是反教的翦氏族人几乎家家都有翦氏族志，并有近八成的翦姓家庭在家中堂屋的显要位置供奉着四修的《翦氏族谱》。

编修族谱传统正是族人引以为傲的地方。在访谈中，一些健谈的翦氏族人都在强调编修族谱的重要性，如有位村民就同笔者讲："正是因为我们学习了汉族的先进文化，尤其是学习汉族的修族谱才使我们还是一个整体，没有四分五裂。"并且他提到了，在他去新疆观察访问的时候，新疆的同胞就特别羡慕湖南维吾尔族借鉴了汉族的先进做法——修族谱。因为，新疆的维吾尔族出了五代之后，就不知道彼此之间的亲疏关系了。所以，族里人对于编修族谱，这一从汉族人那里借鉴来的文化持特别赞同的态度。

到现代背景之下，不仅族人们积极参与家谱编修与购买，同时族人们一直保留着按辈分排行的传统。在访谈时，他们会主动告诉你，他是第几代："我是'万'字辈的，第20代……"如果你提到翦伯赞，他也会告诉你，"他是'象'字辈的，第21代"。彼此间的称呼，尤其对于远亲的称呼，并不是真正根据自己与被称呼人的血缘关系，而是根据他们各自的排行情况进行称呼。如村中的一位村民，妻子是翦氏族人，他在领笔者去村子调查时，对他人的称呼几乎是按辈分进行的，如他叫一位年长者为外公，随后对笔者解释说："从辈分上看，我就应当喊他外公。"可见，村民们除了血缘的判断外，大部分情况下，村民们都是依照族谱上的辈分进行称呼。

家族式发展模式还体现在家族里的一个不成文的家规，那就是翦姓族人间不通婚的习俗（见第三章第二节）。因为，他们认为翦家族人是一个祖先传下来的后人。家族内不通婚的习俗无形中也在强化着他们系来自于同一祖先、具有共同血缘关系的亲缘意识。

在实地调查时，由于地方方言上很难区分回与维，因此，笔者也是根据这一标准进行判断。笔者往往会向一个陌生的受访者问询她/他的姓氏“你姓翦吗?”他们的回答要么是“是的，我姓翦，我是维吾尔族”，要么是“我不姓翦，我是回族”判断他们的民族身份，而不是直接问询他们的民族成分。

也正因为此，新中国成立后，国家在认定湖南维吾尔族时并没有费太多的力气，只是将姓翦的统一认定为维吾尔族。同时，翦家族人从具有不同文化模式的汉族和回族转变为维吾尔族时，他们亦没有受到任何的影响，也没有引起族人的排斥，事实上，只是家族认同意识的一种延续，是将“翦姓 = 维吾尔族”。当地至今还有具有排他性的名言——“凡是姓翦的都是维吾尔族”。因此，导致有村民认为，虽说现在很多翦氏族人的女儿外嫁后，所生子女的民族成分随了母亲，但是他们不姓翦的话，国家也是不承认的。如有村民说道：“他们不姓翦，恐怕国家不承认。”因此，依他们的观念，只有翦姓的才是正统的、才是国家认可的维吾尔族，但事实并非这样。

虽然，现代湖南维吾尔族认同仍是基于家族式的认同模式，但是他们早已不再是家族式的发展模式。在现代背景下，家族已不再是现代国家话语体系中的主流表述，因为宗族的传统功能已发生了变化，如家规、家训和家诫都已经失去了对族人原有的束缚，要么是没有族长，即便是选出族长也已经不再具有往昔的权利；要么是没有了祠田、公屋等公共设施，也就导致了族人无法从家族中共享经济利益。所以，正如有学者的研究表明：“新修的家谱和宗祠已经不再具有往日神圣和权威。修谱、祭祖在很大程度上不过是人们追宗祭祖的一种方式，对这些活动的参与更多的是一种历史、情感和文化上的认同。因此，可以说，时下复兴的宗族更多的是一种礼仪性宗族，而不是功利性宗族，宗族组织更多的是文化共同体，而不是利益共同体。”[①] 所以，在现代背景下，当宗族的利益共同体功能减弱时，对翦家族人来说，维吾尔族认同虽仍然建基于家族式的认同模式，但是，民族认同维系的手段却不再能从宗族中获得，这时适时出现的维吾尔族身份自是在翦家族人认同的基础上发挥着凝聚族人、促进家族（民族）发展的功能。

目前，建立在家族式认同基础上的湖南维吾尔族认同模式有被打破的趋势。新中国成立后，国家实施的是以确定族属为标志的民族政策，其中认定民族成分的主要依据是血统论，即在族际通婚中，子女可以依父母中的任一方确定民族成分，这样改变了过去只能以父系标准判断子女的民族归属状况。加之国家实施的少数民族照顾政策也使得人们更倾向将子女认定为少数民族。这种情形下，当翦姓维吾尔族女子外嫁给其他民族，尤其嫁给汉族后所生的子女一般采取了以父姓作为姓氏，以母亲的民族成分作为孩子的民族归属，因此，在湖南维吾尔族中就出现了一些非翦姓的维吾尔族。这种状况过去是不存在的，现在随着时间的发展，非翦姓维吾尔族的人口会越来越多。这虽符合国家的民族认定政策，但是他们如何接受这些外来姓氏为湖南维吾尔族？

在访谈中，凡是有女儿外嫁汉族的婚姻，笔者都会关注她们下代子女的民族归属。在这种通婚中有近9成的人将孩子的民族成分写成维吾尔族，而姓氏有的随母亲姓氏“翦”，有的则随父亲的姓氏。对于这种情况的出现，有的人认为只有姓翦的才是维吾尔族，否则国家肯定不会承认的。有的村民虽不大认同他姓的人为维吾尔族，但是，这种情况有可能就发生在自家里，所以也不好说啥。

这种情况的出现与湖南维吾尔族以往以家族为主要的认同模

---

① 蔡磊：《宗族文化与乡村社会发展》，载《理论界》2004年第6期。

式必定造成冲突，正如本土学者翦建文所说："在传统思维中一般翦姓为维吾尔族，维吾尔族女子嫁给其他民族所生子女以前都登记为丈夫所属的民族。现在这种情况逐步在改变，其他姓氏的维吾尔族为普通群众所接受还需要一个过程。"①

虽然翦姓维吾尔族对非翦姓维吾尔族的接受是一个心理认同的过程，但是考虑到他姓的维吾尔族在湖南维吾尔族人口中所占比例极小，再者也是近些年的事情，所以目前他姓维吾尔族人口的加入并没有对翦氏族人的认同造成太大的影响。但是从长远看，其他姓氏参与到湖南维吾尔族中，对他们由家族式、基于血缘的认同模式转换成民族认同具有一定的现实意义。

第二节 新中国成立后对维吾尔族身份认知

新中国成立后，翦家族人拥有一个新的民族身份维吾尔族。事实上，"维吾尔族"一词对他们来说是陌生的，新疆的维吾尔族更是陌生而遥远的。正如前所述，汉译"维吾尔族"于1934年正式在新疆使用时，不要说普通的翦家族人，即便是著名的历史学家翦伯赞于1945年写的《我的姓氏，我的故乡》也只是将他们的祖先追溯为"西夷之人"。所以，维吾尔族对他们来说，是什么或意味着什么，他们一无所知。

那么，他们如何确立自己的维吾尔族身份，如何将文化上"他者"认同为同一民族？这一难题由于历史的延伸而得到解决，即他们经历了对维吾尔族族名的认知培养和主动建构维吾尔

① 翦建文：《变迁中的湖南维吾尔族》，见塔瓦力·提力瓦尔地主编：《中国维吾尔历史文化研究论丛》（4），2006年，第365页。

族认同的漫长过程。虽说这两个过程的界限不是、也不可能是泾渭分明的，但是笔者认为，这两个过程的分界线基本可以定在1986年枫树维吾尔族回族乡成立。在此之前是翦家族人对维吾尔族身份的认知过程，此后则是族人们表现出主动建构维吾尔族身份的过程。

翦氏族人最初对维吾尔族身份的认知经历了漫长的过程，可以从翦氏族人对民族成分更改时间的模糊性上窥其一二。

对于什么时候，翦氏族人从回族或是自认为的汉族更改为维吾尔族，他们并不十分清楚，这一点出乎笔者的意料。因为有的村民认为在1986年民族乡成立时才更改为维吾尔族的。他们的推断是：翦伯赞于1956年回乡视察之后，回北京反映了当地的情况，所以国家才派人下来调查，将民族成分更改为维吾尔族。正如一位受访者说："是在民族乡成立之后，也就是在1986年以后"，"我记得清清楚楚，我在1958年当兵的时候，我写的还是回族，根本当时就没有改过来"，"以前的维吾尔族也不晓得是维吾尔族，只晓得也是回族。有的搞不清楚，还有的写成是汉族。"还有的村民更是什么都不知道，当笔者问，"你知道是哪一年更改为维吾尔族的吗？"他居然一口咬定："我们从来没有更改过民族成分，我们一直都是维吾尔族，我们是祖传的维吾尔族，没有改过，哈勒·八士来时就是信仰伊斯兰教的，来时就是维吾尔族，没有改。马、谢、张、黄等跟哈勒·八士来的将士就是回族，哈勒后改成翦姓，我们是正宗的维吾尔族。"当旁边有人纠正他时，他将信将疑地说："是吗？不对吧？我们祖先来时就是维吾尔族。"

在村里做行政的村民或者村中主事的人就比较确定是哪一年更改的民族成分，具体的事情也都知道些，如翦象友谈道："事实上是在1953年由政务院，也就是现在的国务院批准确定为维吾尔族的。可那时的信息传输不便，所以族里的人都不知道。直到1956年翦伯赞回来考察时，才告诉大家，我们已经确定是维吾尔族了，这样大家才知道。”如果他说的属实，这里的“大家”，其实也就是几位精英人士。这几位精英人士是否有继续传达就不好说了。据翦万元讲：“翦伯赞回来时，我十几岁，当时叫了一些长辈过去（参与接待），但村民们都跑去看热闹了，结果来了好多人，根本看不到他人，中间还有警察和各级领导，有省里的，县里的也有，并且很匆忙，一共才两个小时就走了。”

还有一位翦家族人讲道：“不对（不是在民族乡成立时更改为维吾尔族），是在1953年，因为在合作社之前，成立了庄家桥维吾尔族自治乡，那时也不叫枫树乡，只是一个小乡，但是包括我们回维村这里，为何叫庄家桥维吾尔族自治乡呢，因为当时庄家桥村出了一个劳动模范。名气大，所以么，当时就叫庄家桥维吾尔族自治乡，这是确确实实的。不会错，后来才改成东风公社的。所以，民族成分是1953年就改了的。可能是村民不清楚，村民那时回、维概念不分。”

当然也有极少数的村民知道大概是在（20世纪）五六十年代改的，但具体哪一年就不知道了。当时村里并没有举行什么纪念活动或庆祝活动，所以，村民们印象不深。有一位村民知道是在五六十年代改的，并给笔者讲述他本人的一次亲身经历。他谈道：

> 当时大概是1962年吧，我的父亲生病了，在常德住院。他要吃糕点，我就到常德供应清真食品的地方去买糕点。那里卖糕点的人就问‘你是少数民族吗？’我说：‘是。’于是他就指着贴在墙上的伊斯兰教教历让我指出哪一天是开斋节。我不知道，也指不出来。那个售货员就说我不是少数民族，就不卖给我糕点！后来，我就和那个人解释说，我是少数民族，但是我是反教的，我和翦伯赞是一个村子的，我们

都是少数民族。那个人听了我的解释后就卖给我了。

可见，翦氏族人对更改民族成分这件事情，有的大体晓得，有的根本不晓得。在调查中发现，那些反教的族人相对比没有反教的族人更清楚一些，这可能是因为汉族更改成维吾尔族差别比较大，没有反教的翦家族人由于与回族拥有共同伊斯兰教信仰的原因，就没有关注民族成分的变化。但是，对大部分的翦氏族人来说，就是“稀里糊涂”（村民原话）。

但有一点可以肯定，当时更改民族成分并没有在老百姓中间造成多大的轰动与影响，他们既没有表示出高兴也没有表现出抵触，更没有表现出与一衣带水的回族相区隔的恋恋之情。出现这种情况的主要原因就如村民所说：“回族是回族，维吾尔族是维吾尔族，前面我讲了，不影响我的吃饭，不影响我的睡觉，不影响自己的利益，也没有什么照顾。只是民族成分有变化，其他的生活呀，宗教信仰呀，都没有变化，所以，也没有太关心这事，后来才讲，回、维吾尔族可以生两个。”也有一些村民认为：“更改民族成分，那时听政府的，政府说是啥就是啥，跟政府走”。可见，当时在普通村民的意识中对民族成分的更改既没有张力也没有动力，他们并不太关心这件事情，尤其是他们对于更改为维吾尔族所具有的历史意义以及对自身的将来发展与影响都不清楚，他们要么是“稀里糊涂”，要么是被动地接受，“听政府的，跟政府走”。

在这一问题上，即便是官方的相关资料也没有弄清楚，没有统一的说法。如《桃源县民族宗教史》[①] 一书写的就是在1956年由国家民委批准确定为维吾尔族的，而黄丽的文章中则提到“翦氏一直以回回自居，但是经考察，于1952年5月由中央人民

① 马善平编：《桃源县民族宗教史》，2004年，第198页。

政府政务院正式确认为维吾尔族”。[①] 但是她并没有给出出处。较为遗憾的是笔者也没有找到有关确切的国家文件。

在此情况下，他们要么在伊斯兰教信仰下继续与回族共居共存，要么与当地的汉族共享同一的生活模式和价值体系，所以，民族成分的变化一时很难与当地的其他居民建立区隔，更没有强化他们作为维吾尔族的族群意识。也正如有学者认为，在此情况下以客观文化特征来区分或建立族群意识则显得很苍白无力，因为，文化特征最多只能表现一个族群的一般性内涵，而无法解释族群边界的问题；如果无法探讨族群边界的问题，也就无法探讨族群认同的变迁问题。[②]

但是，翦家族人对民族成分“稀里糊涂”的状况，随着族内精英们积极申请民族乡并最终于1986年枫树维吾尔族回族乡的成功申请时，而发生了根本转变。他们不再“稀里糊涂”地对待自己的民族成分，而是在族内精英和当地政府的领导下开始了建构自己民族——维吾尔族身份的过程，即从被动地接受其民族身份到主动地追求与塑造自己的维吾尔族身份。

---

① 黄丽：《读〈翦氏族志〉，探湖南维吾尔族的通婚状况》，载《西北民族研究》2008年第3期。

② 王明珂：《华夏边缘》，台北：允晨文化事业股份有限公司，1997年，第16页。

第五章　精英主导与身份的建构

> 对于一个民族的价值观念、自我认识和这个民族在与其他各民族关系中的定位，社会精英具有重要的塑造和规范作用，在特定的社会环境中，精英的言行对社会的影响不能忽视。
>
> ——史密斯·安东尼①

按照意大利的社会学家V·帕累托的定义，“精英是具有特殊才能、在某个方面或某项活动中表现出杰出能力的人所组成的整体。”② 本书所指的民族精英主要是具有本民族身份，并且在族内事务中处于主导地位、具有较大的权力或影响力的人。大体将他们分成政治精英、经济精英以及文化（社会）精英，这样的划分在现实事务的运作中，要明确区分哪些是政治精英，哪些是经济精英，哪些是文化（社会）精英，几乎不大可能，“因为在实际生活和工作中他们往往是重叠和相互转化的。”③ 就湖南维吾尔族的民族精英来说，他们的来源也是复杂的。他们有可能来自于乡或县里的湖南维吾尔族的政府官员或职员，也有可能来

---

①　史密斯·安东尼著，龚维斌、良警宇译：《全球化时代的民族与民族主义》，中央编译出版社，2002年。

②　转引自莫里斯·迪韦尔热著，杨祖功、王大东译：《政治社会学》，华夏出版社，1987年。

③　孙秋云：《村民自治制度下少数民族乡村精英的心态与行为分析》，载雷振扬主编：《民族学人类学论坛》（第1辑），民族出版社，2006年，第434页。

自村里的企业家，也有可能来自村中具有较强民族意识的普通村民。但是，不管他们的背景如何，在湖南维吾尔族民族建构的过程中，他们起着主导性的作用，是他们在决定着发起哪些活动、采取哪些具体的宣传手段以彰显本民族的民族性。

从此次调查看，现在湖南翦姓维吾尔族不仅对维吾尔族身份有了充分的认知与身份体验，而且具有自己的地方表述“凡是姓翦的都是维吾尔族”以及自己的民族自豪感，这绝不是对维吾尔族身份的被动认知就能够达成的。因此，如果说，前 30 多年是有意无意间培养出来的对维吾尔族身份认知的话，那自 1986 年之始，当地方精英和政府着手申报枫树维吾尔族回族民族乡时，湖南维吾尔族就已经在国家民族政策之下、在当地精英的带领下开始了维吾尔族身份的主动建构过程。

第一节　文化建构与身份展示

历史地看，自他们的始祖哈勒将军离开西域之后湖南维吾尔族的民族发展道路与现代意义的新疆维吾尔族的形成过程是截然不同的，加之长期处于不同于新疆的自然环境与人文环境，他们的生产、生活以及价值观念等无不与这里的风土人情相融洽，并沉积成一套自有的实用文化模式。因此，不要说在新中国成立之初，就是在改革开放之后，他们对新疆维吾尔族的文化模式仍知之甚少或一无所知。那么，如何作为维吾尔族，在这种情况下，翦氏族人开始主动向新疆维吾尔族的文化靠拢，并展示其维吾尔族身份。

一、引入新疆维吾尔族的文化元素

首先，一些翦氏族人，尤其是精英人士率先起了具有维吾尔族特色的名字。其实起经名的习俗在新中国成立后，尤其在“文化大革命”期间已经中断。目前湖南维吾尔族中的经名不仅仅是改革开放后起的，而且有些经名中掺入了很多具有维吾尔族特点的名字。在一些正式的场合，如发表学术文章或是参加学术会议时，他们在自己的名字前加上所起的维吾尔族名字，以示自己的维吾尔族身份。事实上新疆的维吾尔族没有经名的说法，只有回族才有经名。新疆维吾尔族只有一个命名仪式（按照新疆维吾尔族的习惯，在新生儿出生的一个礼拜里，要为自己的孩子起名，并请阿訇到家里为孩子举行命名仪式。阿訇将包裹好的婴儿抱在手中，面向西对着孩子的耳朵朗诵《古兰经》经文，为孩子的平安降生向真主祈祷，并感谢真主赐给孩子父母新生命，还为将来的平安、幸福和欢乐向真主祈祷，并为新生命的到来向孩子的父母祝贺。念完经后，阿訇问父母为孩子起好的名字，如果还没有起，可以请阿訇为孩子起。阿訇用起好的名字对着孩子的耳朵轻声说：“你的名字叫某某。”此后，孩子的名字就可以用了。而名字的选择，多取自然界景观或象征美好意愿的植物、动物名称，也有从《古兰经》里选取圣贤之名的）。但是，他们却折中了新疆维吾尔族的名字和经名的用法，此种使用也不能不说是当下情境的一种创新。

其次，去过新疆的湖南维吾尔族人都会买一些新疆维吾尔族的饰品和衣帽回来，如在礼拜中，有的村民就戴着有四个角的维吾尔族礼拜帽。清真寺寺管会副会长的女儿有一套新疆维吾尔族女孩儿的服装，据说是2006年新疆师范大学的志愿者马若彦送给她的。在斋月前一天的宵礼，她穿了这身衣服和笔者一起去清真寺调查礼拜的情况。虽说，回维村的村民们拥有和保留新疆饰物非常有限，但是一部分村民拥有新疆维吾尔族的帽子却是事实。这些帽子有的是自己买来的（去过新疆的族人毕竟少得很，仅限于精英阶层），多数村民的帽子是乡里或枫树清真寺举行活动时免费发给大家的。如有一位村民，他特意将维吾尔族的帽子戴上后才让笔者给他照相，并且嘴里还说道："你看我像不像新疆的维吾尔族?"

最后，湖南维吾尔族精英们尽力创造条件让族人们感受新疆维吾尔族的文化。

精英们深感于自身与新疆文化模式的迥异，如语言的丢失，舞蹈艺术缺失，通婚习俗的不同等，这些似乎都难以与新疆的维吾尔族建立共同的交流与认同平台。于是，湖南维吾尔族的精英们在 2006 年从新疆师范大学请来一位维吾尔族志愿者马若彦到枫树乡中学讲授维吾尔语，其目的是承习维吾尔族的语言和文化，至今多数村民对她都有印象，并且听村民讲，她在村子里很受尊重。至今她仍和清真寺的翦阿訇和寺管会的翦会长保持联系。马若彦于 2006 年在乡中学讲授了一年的维吾尔语，讲授的对象不只针对学校中的维吾尔族学生，而是面向学校的全体学生（授课的形式是没有专门选出维吾尔族同学进行单独授课，而是按原有的班级进行的，每周 1 ~ 2 节课），这样的安排可能是不想打破原有的教学计划。而且当清真寺举办暑期的宗教学习班时，她也被请来给学习班的学生讲授维吾尔语，这其中包括一些年长的、有兴趣学习的普通村民，如 3 组的翦象业老先生就是认真学习的一位。笔者去访谈他时，他给笔者展示他所学的维吾尔语。虽说这次教学的结果不理想，但是此次活动让村民切身感受到维吾尔语，更主要的是她作为新疆维吾尔族文化的宣传者与村民进行了广泛的文化交流与互动，如教村民做手抓饭、教村民跳维吾尔族舞蹈等。

二、维吾尔族身份的展示

现在，翦姓族人不仅在表述中将翦姓与维吾尔族联系起来，而且他们彰显更多的是维吾尔族或湖南维吾尔族的身份，隐去翦家族人的称谓。

首先，就拿翦氏族人的四修家谱来说，修族谱本是追踪溯源的一种形式，但是其中三个细节特别值得关注：一是，此次修谱时成立的是“湖南维吾尔族修志编纂理事会”而不是“翦氏族人修志编纂理事会”；二是，此次修谱的主要目的是“为了纪念湖南维吾尔族迁居常德625周年”；三是，此次修谱活动得到了省和地方相关部门的大力支持。从前两点可以看出，湖南维吾尔族的身份已经替代了翦氏家族。虽说第三点似乎与维吾尔族无关，但是，他们的修谱活动缘何会得到省和地方相关部门的大力支持？如果翦氏家族作为一个普通的家族，那么家族的修谱活动无论如何也不会得到“省和地方相关部门的大力支持”，就如当地的薛姓回族和庄姓的汉族在重修家谱时就没有这样的殊荣。这更多缘于翦家族人的湖南维吾尔族身份。所以，在此情境下的四修族谱，不只是追述祖先、亲爱族人、强化家族观念、促进家族发展，更多的是要“纪念湖南维吾尔族迁居常德625周年”。因此，它的意义虽建基于家族式的行为，但早已超出修谱的家族式运作，更多表现的是“西维南居”的历史并与现代背景下民族认同的建构具有不可分割的联系。

现在不可否认，湖南维吾尔族的身份是他们着力展现的身份，翦家族人的身份可以暂时搁置于历史的语境中叙述。在这种情况下，虽然他们会以“凡是姓翦的都是维吾尔族”作为维吾尔族的判断标准，但是他们已无意于将翦氏族人的身份展示在现代的情境之下。如果对维吾尔族的认同不具有更高层次意义的话，他们本可以如历史上所走过的道路一样继续维系着家族式的发展模式，也同样会让翦氏家族在现代背景下，如当地的庄氏家族和薛氏家族一样平淡地生活。

其次，枫树乡被誉为“维吾尔族第二故乡”，出现在几乎所有的书写文字及口头表述中。凡是涉及对枫树乡或枫树乡回维村的介绍时，“维吾尔族第二故乡”是不可不提的字眼儿，它已经成为枫树乡的代名词。“维吾尔族第二故乡”的提法是什么时候出现在官方与非官方的表述之中？据翦象友老师说：“‘维吾尔族第二故乡’是在20世纪80年代时新疆维吾尔族提出来的，这边就接受了，并没有反对或支持，就这样传开了。因为，对翦姓维吾尔族人而言，630多年的历史，这里也可算是第一故乡的。但是，新疆的维吾尔族人口多，而我们又是从那边迁来的，是认可的。所以，就流传了下来。”现在，这一提法已经是湖南维吾尔族对外宣传与展现的主要内容，同时鉴于“维吾尔族第二故乡”的提法表现了新疆维吾尔族对湖南维吾尔族的认可与接受，自然也是湖南维吾尔族与新疆维吾尔族建立彼此认同的表现形式之一。

再次，他们积极参与各种与伊斯兰教或是与维吾尔族相关的学术会议，发出自己的声音。以族内清真寺寺管会的翦鹏飞会长为例，他在近五年内参加的学术会议如下：2005年5月在湖南长沙参加中国维吾尔历史文化研究会第四届学术研讨会；2007年10月在新疆莎车县参加新疆喀什莎车2007年十二木卡姆文化艺术节和2007中国新疆维吾尔木卡姆学术研讨会；2008年8月在郑州参加和谐社会与宗教发展论坛；2008年11月在北京中央民族大学参加纪念穆罕默德·喀什噶里诞辰一千周年国际学术研讨会；2009年12月在长沙参加民族理论研讨会等。同时，他还发表多篇文章：《湖南维吾尔族南迁历史及生活现状与发展》发表在2001年4月《甘肃穆斯林》；《清真寺里邦克声》发表于

2004年7月《广州穆斯林》；《枫树清真古寺历史沿革与现状》发表于2006年3月《新疆民族宗教》；2006年中国维吾尔族第四届年会，做了题为《湖南维吾尔族历史文化的传承与演变趋势综述》；《良言美语与和谐行为是穆斯林美德》发表于2007年2月《湖南回维族穆斯林》；《湖南维吾尔族族源与生活现状的调研》发表于2009年4月《新疆哈密文学》。可见，湖南维吾尔族并不单单满足于官方的宣传与认可，他们更要从文化以及学术的角度彰显自己的民族性，提升本民族的知名度。

最后，湖南维吾尔族的精英人士在2003年提出建设民族街的构想，该项目是"维吾尔族第二故乡民族风情园"的一个子项目，有关风情园的总体设想详见本章第二节。现只将民族街的构想简述如下。

> 从燕家桥至乡政府建三华里长民族街，按民族造型，门路新颖的第二故乡独有风格新建，私房改造按统一式样设计……私房动员全部从事经商，作坊经营维吾尔、回名品牌随处可见，三华里范围内维吾尔文、阿拉伯文标志醒目，随处可听到新疆歌曲和舞曲，民族服饰随处可见。三华里大马路有高架葡萄沟，车辆、行人沟内穿越而过。①

其主要目的是：

> （通过）此方案实施，其名胜古迹之风姿独一无二，其民族文化、民族风情传奇高雅，游人大可不必付巨资费时辛劳远涉西域，在第二故乡亦可完全领略维吾尔族精深、独

① 摘自：《中国"维吾尔族第二故乡"民族风情园建设项目》，2003年12月18日。

特、传奇、高雅的文化和风情……①

该项目中的民族街构想蕴涵了湖南维吾尔族以新疆维吾尔族的文化为标准的文化展示，表现了他们向新疆维吾尔族文化靠拢的主观愿望。第二风情园项目本身蕴涵的意义很多，有民族和文化的考虑，更有经济上的考虑，亦是发展地方经济的一部分。就这件事情本身看，精英们在努力彰显新疆标准的维吾尔族文化的过程中，会不会使他们丢失了自己在630多年在当地沉积的文化主体性？这是一个值得深思的问题，因为，文化的成长需要营养丰富的土壤，如果没有可以植根的土壤，那么，只会成为博物馆的藏品而失其活力。当然，这一事件本身也说明了他们不甘心于维吾尔族认同中的边缘地位，虽说族内的精英们一方面强调自身的维吾尔族身份，同时也在强调要有湖南维吾尔族的特色，但是，他们的行为中所体现的却是新疆维吾尔族的文化标准。这点在访谈中，笔者也深有体会。

除了以上的相关叙述外，湖南维吾尔族在引入新疆维吾尔族的文化元素、展现其维吾尔族身份的事件在日常生活中随处可见，如枫树乡政府、回维村村委会、乡中心中学和乡中心小学均挂着的用汉文和维吾尔文共同书写的牌子，这些亦无不展示着湖南维吾尔族的民族身份。

① 摘自：《中国“维吾尔族第二故乡”民族风情园建设项目》，2003年12月18日。

第二节 行动中建构

一、族内精英倡导的活动

自枫树维吾尔族回族民族乡成立之后，精英们发起的较大规模的族内活动主要有1996年第四次编修家谱、2003年“维吾尔族第二故乡”民族风情园项目的构想、2007年省级非物质文化遗产项目的申报。现将详细内容展现如下：

案例5－1：政治精英、经济精英以及文化精英共同主导下的四修族谱。

四修家谱是族内的文化精英、经济精英和政治精英共同努力下完成的。最初提议的是一位具有较强民族意识的老人，姑且将他视为文化精英，他对家族的历史下了工夫，知道很多。据说，现在他还偶尔去三里铺收藏三修谱的人家里研究三修族谱。他于20世纪90年代初提出要第四次编修家谱，并且身体力行，走访了常德地区几乎所有的翦氏族人。族人们认为，这些前期工作为后来的修谱工作起到了重要的作用。

在他提出四修家谱之后，立即得到族内政治精英的响应和支持。但是此人仅是一位普通的农民，所以将修谱的事情交给了村中的另一位族人，这位族人在村中办有企事业，在当地也有一定的影响力。有的村民笑着说，他的功绩让别人给抢去了；也有人说，因为他没有什么影响力（尤其是在经济与政治方面），只是一位普通的农民，如果他继续主持的话肯定达不到当时那样大的规模。虽说这位农民不再主导，但仍是编修家谱主要的参与人员。同时，族人们对他的功绩给予肯定。每当有学者或是记者来访时，最先被访谈到的村民就是他。他对知识融会贯通的能力也强。并且在笔者最后一次见到他时，他说道，等他的房子盖好了以后，他还要再次走访，查找翦家族人的去向，比如说去昆明。驱动他做这些事的主要原因是，他听说现在的网上或是文章在质疑他们的姓氏是皇帝的赐姓，质疑他们的身份，他听了以后让他心寒，所以他立志要找出证据来。他虽只是一位普通的农民，却具有较强的民族意识，尤其是一位善于表达自己思想的人。

案例5－2：中国“维吾尔族第二故乡”民族风情园建设项目

中国“维吾尔族第二故乡”民族风情园建设项目是在中共桃源县委、桃源县人民政府参与下于2003年12月18日设计完成的。它几乎囊括了湖南维吾尔族的方方面面，从历史的遗迹复兴到现代名人故居的修建，从民族文化的弘扬到民族经济的发展都有较为详细的涉及。此项目构想的目的是“完成中华民族的伟大复兴，靠党中央和各级党委、政府的坚强领导；靠极大限度地振奋民族精神；靠继往开来、与时俱进。世人、游人总盼望展示许许多多真实的故事，而中国维吾尔族第二故乡，600多年来，这里充满了传奇，这里蕴藏着许许多多维护国家统一，推进朝代进步的史诗；这里曾经有许多令后代自豪能够激发热情振奋精神的名胜古迹，这里是通往桃花源仙境的便捷之路，又与国家名胜风景区张家界遥相呼应，这里也是常德文化名城的重要组成部分……因此，这一方案的实施，具有无可估量的现实价值和历史价值。”

本项目共涉及14个新建与扩建项目，简述如下：

恢复株木山枫树口：恢复三十亩枫树林及其古建筑；新建“葡萄园清真大酒楼”（内设新疆歌舞厅），合作方式：申报国家立项投资、捐资。

镇南堂：恢复“镇南堂”于回维许家溶田；恢复镇南堂内外古设施，合作方式：争取国家立项投资兴建。

荐德楼：在原址五房大堰中重建荐德楼，申请国家立项投资建设。

忠勇坊：在原址翦家桥东头牌楼岗上重建“忠勇坊”，恢复原有墓地，新建翦敦陛（陈一贯）、黄月英墓地，新建翦伯赞墓地，恢复“武场”原貌，重建翦家桥。申请国家立项投资新建。

讲经殿：已于1993年竣工。即现枫树清真寺。

哈勒·八士陵园：在中心小学东北面建哈勒·八士的陵园，建哈勒·八士全身塑像，移址重建祖墓、移栽二十亩枫树、株树、樟树林、建设其他小景点、花园、花台等。申请国家立项投资新建。

翦旗营彩门、榨门和朝门：此系当年伊斯兰军队的总、分营门。现欲用水泥浆砌岩石贴边恢复古建筑三座门，申请国家立项投资新建。

资料馆：主要是翻修现有资料陈列室，在清真寺门口一栋平房内。申请国家立项投资。

民族街：建设有维吾尔族特色的民族街，建排水沟，建绿化带，房子门面形式新颖，建高架葡萄沟，申请国家立项投资建设。

旅游及休闲山庄：建800平方米清真餐饮食宿店和旅店、建500平方米休闲娱乐健身房、建600平方米会议厅，300平方米五套学习室、姚家堰改造成游泳池，休闲区绿化、净化、美化、建垂钓池2500平方米，建竞技场6000平方米（手铃球、桌球、赛马场、斗牛场等），申请国家立项投资新建。

翦伯赞故居：在笔者调查时，选址问题仍在商量中，笔者回京后得知，在2010年1月18日举行了奠基仪式。其中主要建一栋占地2亩，建筑面积500平方米的翦伯赞故居；设计有陈列室、塑像厅、资料室、卧室、厨房等；室外设有绿化、净化、美化的基本设施。申请国家立项投资新建。

养牛小区建设：主要是扩建牛舍10栋，新增优质牛600头；扩充草地300亩，道路硬化，申请国家专项投资或合作或合资。

孵化区建设：亦在原有40户电热孵化、年孵小鸡小鸭3000万羽基础上，建5万只种鸡栏舍，新扩孵化规模2000万羽，建国内销售网点20个。申请国家立项资助或合资。

桃源县清真牛羊定点屠宰加工厂：亦是在现有规模基础上新建2000吨冷库一栋；新建附属车间五处；建饲养基地三处，催肥基地一处；扩充外销门路。合作方式：申请国家保护性投资建设。

*摘自《中国"维吾尔族第二故乡"民族风情园建设项目》，2003年12月18日。

案例5－3：2007年，省级非物质文化遗产名录项目申报书。

此申报主要是将"桃源枫树维吾尔族古尔邦节"列入常德市级非物质文化遗产。

关于将“桃源枫树维吾尔族古尔邦节”列入常德市级非物质文化遗产的报告是湖南维吾尔族的地方精英在桃源县人民政府、县文化局的指导下，以民族文化要素为运作内容的活动，主要的考虑是：1. 湖南桃源枫树维吾尔族生活在其他民族中，加之南迁600余年，宗教文化与民族文化有趋向融合的可能，能诵《古兰经》文的人屈指可数；2. 湖南桃源枫树维吾尔人不识维吾尔文，不能使用维文维语；3. “古尔邦节”中的“小辫子”舞蹈等失传，只能由极少数的老人回忆。所以，保护的内容是全面系统准确地保护“古尔邦节”的内容与艺术以及文化表现形式，对节日的一系列民族习俗、民族信仰、民族教传、合法教规予以有效保护；把对有重大影响的代表性的传统节日的传承人的保护放在第一位，注重加强传承人（继承人）的培养；对“古尔邦节”进行翔实普查，通过搜集，记录分类，编目等方式，建立完整的档案，用图片、录音、录像、数字化多媒体，进行全面系统的记录，并妥善保管。而此保护项目不仅具有人类学、民族学、民俗学价值，更具有艺术价值、传承价值以及社会实用价值和纽带作用。

有关申报工作的人员有：

一、领导小组：

组　长：张志红（乡党委书记）

副组长：翦正红（乡长）；翦林华（党委委员）；
　　　　李振军（副乡长）

成　员：叶昌俊（乡文化站站长）；翦鹏飞（县伊斯兰教协会副会长）；翦林义（枫树乡清真寺寺管会主任）；翦象友（退休干部）

二、工作小组

材料搜集人：翦鹏飞、翦林义

资料整理（撰写）人：叶昌俊、张海林
图像摄录人：刘双平、陈振坤
审核校对人：马善平、翦林华、翦鹏飞、翦象友

除了以上三个主要案例外，还有前述清真寺落成后举行的纪念湖南维吾尔族南迁625周年庆典、清真寺每年暑假举办的学习班、与新疆维吾尔族的各种交流互访、请新疆的志愿者马若彦来枫树讲授维吾尔语、60周年国庆会演的排练，等等，无论哪一事件都少不了精英的影子，尤其是政治精英的参与和主导。每一个项目运作的周密性、完整性以及与时事政策结合的紧密性，是普通的农民所不能为之的。所以也正因为在精英人物的主导下，才使得翦家族人在现代背景下民族身份的建构在有据可依的历史记忆下不再局限于家谱的书写，而日趋完善和系统化。

二、友好往来

翦家族人认定为维吾尔族身份之后，他们与新疆维吾尔族的交流与互动就在官方和非官方的不同层面上展开。笔者现将在调查中获得友好往来的交流事件列举如下：

友好往来，民族交流一览表（1978年~）

1. 1978年12月，苏丹国的总统尼迈里访问枫树维吾尔族回族乡。

2. 1979年，国家民委、全国人大民侨委访问枫树乡回维村。

3. 1979年下半年，埃塞俄比亚总统孔切访问回维村。

4. 1983年至1985年，新疆奎屯地委代表团、新疆吐鲁番地区代表团、新疆老干部代表团、新疆大学代表团、新疆林业考察团、新疆税务与工商代表团，先后到桃源维回民族聚居村进行参

观和考察。

5. 1985 年，以翦仁成、翦象友、翦金婵 为代表的湖南维吾尔族代表团，应邀参加了新疆维吾尔自治区成立三十周年大庆活动。

6. 1985 年 7 月，中央民族歌舞团及中央民族学院春英、博大公到枫树。

7. 1986 年，以翦仲成为代表的维吾尔族第二故乡代表团参加了在新疆乌鲁木齐举行的第三届全国少数民族传统体育运动会。

8. 1987 年枫树代表团（翦象友、刘光建、卓康宁）到新疆考察。

9. 1988 年至 1989 年，原全国政协副主席、国家民族事务委员会主任司马义・艾买提、国家民族事务委员会副主任赵延年等到桃源枫树、青林视察。

11. 1989 年 1 月国务委员、民委主任司马义・艾买提视察并看望回维族群众。

12. 1991 年 4 月，新疆电视台新闻部来枫树拍《桃花源里维吾尔族人》。

13. 1997 年 7 月，河南长葛市副市长张巍毅来枫树调研。

14. 2000 年 9 月，全国人大副委员长铁木尔・达瓦买提来枫树视察。

15. 2001 年 8 月，郑兴俊等人的枫树代表团参加新疆吐鲁番国际葡萄会。

16. 2003 年 2 月，全国政协副主席阿不来提・阿不都热西提到枫树视察。

17. 2004 年 10 月，广州市伊斯兰协会代表团到枫树交流。

18. 2005 年 11 月，共青团中央书记尔肯江・吐拉洪等一行到枫树考察。

19．2006 年 8 月，枫树维吾尔族回族乡翦正红等四人对新疆进了 15 天考察学习。

20．2007 年 11 月，新疆哈密“行万里，送祝福”活动到达枫树，并在枫树清真寺与回维村村民共度古尔邦节，大家一起宰羊、做手抓饭、跳舞等。

以上所列举的亦不是全部的官方互动，其中有所遗漏。非官方的活动，更加频繁，如平日里经常有专程到枫树乡回维村探望“维吾尔族第二故乡”的新疆维吾尔族同胞。这些新疆同胞一般只到清真寺参观与交流，然后就离开了。由于停留的时间不长，尤其没有大型活动举办时，人们就淡忘了具体的事件，但这样的交流确实发生在日常生活之中。因此，这些官方与非官方的活动，不时地提醒着翦家族人的维吾尔族身份，对他们民族身份的建构起着潜移默化的作用。

第三节　历史记忆的再叙述

历史记忆在湖南维吾尔族身份建构的过程中具有重要的根基性意义，是湖南维吾尔族原生情感的再现。

每个民族都有英雄祖先的历史。在英雄祖先的历史中，他们或借由“过去”来呈现自身的边缘弱势形象，或借由“过去”来塑造足以为傲的我族形象。[①] 湖南翦姓维吾尔族同样拥有一个引以为傲的祖先故事将他们勾勒成一贯的、具有线性历史的民族，正如乔纳森·弗里德曼所说：“没有历史的人民，就是那些

① 王明珂：《羌在汉藏之间：一个华夏边缘的历史人类学研究》，台北：联经出版，2003 年，前言。

无法向他人标明他们自己的人民。”① 也正因为如此，湖南维吾尔族所拥有的鲜明历史记忆足以标明他们是“谁”。

一、历史记忆及传承

翦氏家族的历史记忆主要围绕着祖先的光荣历史和对祖源地的历史记忆展开。

（一）有关祖先的历史记忆

关于祖先的历史记忆主要由三部分组成，即祖先怎样到达湖南枫树；朱洪武赐姓；以及朱元璋赐建四处建筑。在翦家族谱所列谱序均对这三方面的内容给予了清楚表述。如《翦家族谱（三修）》登载的原序中写到：“我始祖，八士公，先明洪武五年奉命南征；二十年，纨绔子弟拜着公亦奉命镇常；三世祖常黎公屯田戍守，因宦游以选腾爰奠厥，居其文治与武功用绵厥绪相承……”墨谱序中亦写到“盖我祖八士公，自先明初，以武略见重于太祖，从龙征讨屡建奇功，叙功懋赏，以翦赐姓，此即我翦氏之始也，至若奉敕而剿盘瓠蛮夷，率服振旅而恤林总黔滇荡平，非智勇足备恩威并用者曷克……”类似的相关叙述，在此不一一列举。

除了翦氏族谱记录着翦氏家族的发展历史外，还有一部重要的书籍是《回部世系源流》。它是清同治三年（1864）翦氏十六世祖翦山胜根据存放于荐德楼的回文资料写成。这部《回部世系源流》对翦氏后人追溯族人的历史留下了依据。然而，这本具有学术价值的书却少有人见，对其内容的了解仅是通过翦家族谱中

① ［美］乔纳森·弗里德曼著，郭建如译：《文化认同与全球性过程》，商务印书馆，2004年，第176页。

引述的一段而已。据族人翦鹏飞介绍说："此书现收藏在湘潭图书馆，当年四修族谱时，我带着省民委的介绍信去湘潭图书馆找寻这本书。但是那里的管理员说，即便是将书取出，只有目录，没有内容，管理员也没有过多解释其中缘由。"所以，翦氏族人猜测，这本书可能已经不在了。除了这部《回部世系源流》外，翦伯赞的文章《我的姓氏，我的故乡》中提到了顺治四年(1647)的《桃源县志》也记载了翦家族人的历史。从时间上看，顺治四年的《桃源县志》应该是最具有历史研究价值的，但这本县志现在已经很难找到。

现代的书籍《湖南维吾尔族》对翦家族人祖先的历史事迹也有生动的描述与展现，如关于祖先哈勒·八士的《刀劈顽寇》、《朱洪武赐婚》、《洪武赐姓》、《拜着受封》和《蓝玉被诛》，等等。并且每一个故事都伴有大量生动鲜活的人物对话，以示每一事件的真实性。如《洪武赐姓》中的部分对话：

"哈勒·八士将军，有劳你多次代朕出师江南，屡建奇功，朕还想赐你一姓如何?"朱元璋酒至半酣脱口而出。

马皇后接话："皇上，妾也早就觉得他的名字叫起来不顺口，他为大明多次出征江南，翦除叛贼，劳苦功高，不知皇上给他取一个什么姓为好?"

"宋爱卿!"朱元璋转话给宋濂。"你是舞文弄墨的人，代朕想想看!"

宋濂问八士将军："哈勒·八士将军！你每次出征捷报，想必是十八般武艺样样精熟，加上你的智谋，简直成了'常胜将军'啊!"

"不，宋大夫！我西域从不叫十八般武艺。因为大刀、长矛、长戟本属一路，统称长器路，其他相差不大，所以武功上叫'十五路'功夫。我的武艺不是十八般，而是十五路，请宋师莫见外！”哈勒·八士回宋濂一席话。

“啊！原来是这样”宋濂边讲边离席度来度去，“皇上！刚才哈勒·八士讲了他十五路功夫，皇后夸他为大明翦除叛寇，劳苦功高，依卑职之见这个十五路，十五划应该有一个百家姓之外的字！我觉得皇后讲的‘翦除叛寇’中的翦字可取！请皇上定夺！”

朱元璋：“这个翦字！十五划对十五路功夫！恰好！恰好！朕谋略嘛，八十更名八士不就两全齐美！”

“皇上高见！”皇后、宋濂不约而同表示赞成。哈勒·八十、王氏与朱吐叶也一同陪笑。

“就这么定，哈勒·八十将军听旨！”

“本皇念你为大明江山翦除叛寇，劳苦功高，从即日起赐你姓‘翦’，更八十为八士，通报内外，不得有变。”

从此，哈勒·八十及其后代就姓翦了。

虽然村民们的表述不及书面表述的翔实、生动，但是他们对祖先的历史也都能清晰地表述。访谈中，如果你要问“哈勒·八士是谁，他是怎样来到枫树这个地方的”，多少显得你很幼稚。因为，翦家族人没有人不知道自己祖先的事迹。尽管有村民经常会说：“具体的搞不大清白，我们只是知道我们的祖先哈勒·八士是从新疆过来的，他是伊斯兰军的首领。”当问及，您是从哪里知道的，是多大知道的？大部分村民都会说，“从小时就知道，有时父母也会讲，也会从邻居家里听到。”

其实在历史上，翦家族人还通过家族的宗祠与祭祀体系（见第四部分），将家族的历史以口耳相传的形式传承下来，那就是每年两次的祭祀会。在祭祀会中，就如有老人所提到的，“那时，每年的祭祖仪式，就是姓翦的族人聚到祠堂里，就像现在的开会一样，讲一讲历史，讲一讲我们的历史来源，然后开餐，一起吃饭。”

由此可见，翦家族人的历史记忆从文字书写到口头传承都有效地进行着。

（二）对祖源地的想象与践行

在翦家族人的历史记忆中，还有一个历史记忆不能不被提及，那就是翦家族人对祖源地的想象、向往与践行。历史地看，翦氏族人对祖源地——新疆的向往，似乎一直没有完结，主要体现为两次北归新疆的行动。第一次是“拜着死后，由常蒲袭其位。但常蒲不愿为官，辞官北归新疆，定居库尔勒尉犁县。随征的八名将军（马德成、王七千、薛守仁、李五十六、黄有德、郭季大、李公茂、刘尚义）亦有部分返回原籍。次子常黎恋于常桃仙源风光，遂定居下来。”①

第二次北迁新疆②，翦乡长为笔者这样讲述：第二次北归是在清乾隆年间，八代一房的 8 个弟兄，不知什么原因，或许是因为不适应这边的气候还是其他的什么原因决定离开桃源北迁。走了之后，再没有音信联系。直至 20 世纪 80 年代，翦家族人才有了他们的音信，他们已定居河南长葛。当时的情况是：河南长葛的翦家族人从报纸上看到了有关湖南翦姓维吾尔族的报道，知道了湖南桃源翦氏的事情后主动与他们联系，后经过证实，通过这边（桃源维吾尔族）发函确认、证明，在 1996 年将他们的民族

① 马善平编：《桃源县民族宗教史》，2004 年，第 12 页。

② 针对这段历史，还有另外两种说法，据翦象福说，是他在桃源图书馆查阅到了当年的历史资料，是翦奎午写的，中间提到了翦氏家族有一支族人在河南长葛，是八代一房的一个弟兄去河南做官（长葛县令）了，所以就有后人留在了那里。第二种说法就是说“逃命过去的，就是要饭过去的”。这三种说法中，族人最不同意的就是第二种说法，对于前两种说法，族人各有不同的见解。因此，从此事来看，历史在同一时代下、同一族人那里也有不同解释。

更改为维吾尔族。因此，族人们推测，当年这八位弟兄走到河南许昌时，由于路途艰辛，且路上得病的人较多，其中的六个弟兄就定居下来，另外两位弟兄继续北走，但是，他俩人走到哪里，定居何处就无人知晓。可在前几年，我去北京国家民委办事，有两位翦姓的人找到我，这两位姓翦的人在北京通县做生意，他们知道湖南的翦姓维吾尔族后就过来认祖归宗。据这两位姓翦的人讲，他们小时候听老人们说过他们的祖先是从南方迁到山东的，后来因为抗战，又从山东逃到了现在内蒙古通辽的翦家沟。这两个人找到我，认为我们是同源的。因此，翦乡长认为，如果真是这样的话，可以推断那两位继续北迁的弟兄二人走到了山东，并定居那里。翦乡长解释说，那时交通不便，人们只能以北斗星来指路，所以走错路也是正常的。

可见，翦家族人不仅有较详细的文字传承着历史记忆，而且两次北归新疆的行动亦体现着他们对新疆的原生地域认同。

综上所述，历史上，翦家族人通过家谱的书写、翦氏宗祠以及宗祠内举行的祭祀会等形式有效地将历史记忆在族人中代代相传。同时，也正因为翦氏家族拥有较为完整的文字与口头传承的历史记忆，使得他们在现代背景下被认定为维吾尔族成为可能。因此，在现代背景下，当他们突显自身的维吾尔族身份时，令族人们引以为傲的历史记忆是不能不再次被提及的主要内容。

二、翦伯赞及先烈

历史记忆是一个民族的主要内容，某种意义上，民族的历史记忆等同于民族认同，是唤起民族认同的基础，是民族认同的代名词。

(一) 历史记忆再叙述的必要性

族内精英们举行有关民族认同的所有活动，如四修族谱、申报文化遗产、致力于打造民族品牌的民族产业、民族风情园的设想、纪念湖南维吾尔族迁居常德625周年庆典、翦伯赞故居的修建，等等，都离不开对祖先历史的表述，而且历史记忆的部分往往是重头戏。因为，“过去”的主要作用之一是要为“现在”取得合法性，基本上也就是为权力与权威取得认可。“早期的统治者与统治阶级在追溯自己的身世与权力时，无不想方设法攀缘皇室甚至神圣的权威，其道理即在于此。这种谱系饥渴，每个追逐地位与权力的群体都有。”① 所以，对湖南维吾尔族而言，英雄祖先的故事在当下已成为现实中的历史，“记忆”早已成为历史的代名词。他们在现代背景之下的历史记忆不仅具有家族的意义，更是建构维吾尔族身份、培养维吾尔族意识的基础。然而，家族并不是现代国家关注与弘扬的主要内容，只有民族才是现代国家所要突显的要素。所以，在现代背景之下，其中再叙述的意义自是超越单纯为了世系的传承而传承的家族意义范畴。

(二) 在历史记忆再叙述过程中，民族的历史记忆由于新内容的加入而更加充实、系统与完善

不仅翦氏家族祖先的历史是辉煌的，而且近代史上有光辉成就的族人，同样是族人的骄傲，并成为历史记忆的一部分。如清朝末期的翦如琰、革命烈士翦去病和近代史学家翦伯赞，他们的事迹都是目前湖南维吾尔族表述体系中不可或缺的部分，已经成为族人历史记忆逐渐沉淀下来书写进家族史或与家族相关的书籍

---

① ［美］哈罗德·伊罗生著，邓伯宸译：《群氓之族：群体认同与政治变迁》，广西师范大学出版社，2008 年，第 155 – 156 页。

中，如《湖南维吾尔族》和《桃源县民族宗教史》等。

翦家近代史出现的名人翦如琰，是鸦片战争时期负责虎门炮台的副指挥。他带领虎门守卫将士经过 17 个日日夜夜的浴血奋战，最后以身殉职。翦去病于 1865 年出生在常德，早年去日本东京留学，毕业回国参加了革命工作，加入中国共产党。于 1928 年 8 月夫妻二人由于叛徒告密被常德警务稽查处逮捕入狱，同年二人被国民党当局杀害于常德市泮池街。新中国成立后，由常德市人民政府将夫妇二人坟墓迁往德山孤峰岭烈士公墓，并竖有革命烈士石碑。

如果学者们对翦如琰和翦去病知之不多的话，那么对翦伯赞就没有人不知了，他生于斯长于斯，已成为现代背景下族人不能不提及的象征与骄傲。翦伯赞于 1898 年出生于桃源县翦家岗，即现在的枫树乡回维村 11 组。他于 1926 年投身北伐战争，大革命失败后，一边致力于史学研究，一边从事革命工作。1937 年 5 月加入中国共产党。1940 年起，在周恩来的领导下，先后在重庆、南京、上海等地从事统战和理论宣传工作，团结爱国进步人士。新中国成立后，他历任第一届全国政协委员，第一、第二、第三届全国人大代表，中央民族事务委员会委员，中国科学院哲学社会科学部委员，北京大学副校长等职务，为我国的史学发展、民族和教育事业做出了突出的贡献。由于在“文化大革命”中不忍羞辱与迫害，夫妻二人同时自杀，后得到平反。基于翦伯赞在近代的历史地位与影响，目前已有两位学者（李树喜和张传玺）撰写过《翦伯赞传》，且北京大学张传玺教授的《翦伯赞传》目前已经第二次出版。现在在族内精英人士和地方政府的努力下筹备修建翦伯赞故居，并已在 2010 年 1 月 18 号举行了奠基仪式。因此，翦伯赞带给族人的，不仅是当下的荣耀和自豪感，同时翦伯赞对湖南维吾尔族民族的认定亦起到了重要的作用，并且对翦氏族人认同的转变也起着很重要的调适作用。在一定意义上，翦伯赞的历史与翦家族人祖先的历史是遥相呼应的。

针对翦家族人留下丰富、系统的叙说体系，族内的精英计划建立资料库收集并保存所有有关湖南维吾尔族历史以及目前学者对湖南维吾尔族研究的学术论文。同时精英们也希望重修历史建筑展现祖先的历史记忆（详见第二风情园中的规划，本章第二节）。因为，这些遗迹既宣告着英雄祖先的光荣历史，也是族人书写历史记忆的依据；既是历史记忆的一部分，也是族人强化历史记忆的源泉，亦是族人建构民族身份不可或缺的一部分。

（三）历史记忆再叙述中，表现手法多元化

目前族人，尤其是族人的孩子们接受历史记忆的方式趋于多元化。一是，湖南维吾尔族有相对完整的文字表述体系可供族人阅读，如族谱、清真寺院内的墓碑和墙壁等都刻写着祖先的事迹，在一定程度上体现了当下族人的思想印迹；二是，正统的学校教育与非正统的清真寺学习班相结合传承着湖南维吾尔族的历史。如果说清真寺在暑假期间举办的学习班是非正统教育的形式，那么新疆师范大学的志愿者来中心中学的授课则是学校教育形式的体现。同时乡中心小学校歌的创作与推行也是学校结合地方民族文化的又一表现形式。乡中心小学校歌——《维吾尔的第二故乡》的歌词如下：

> 八百里洞庭碧波荡漾，这里有维吾尔人的第二故乡。六百年南迁，六百年融合，维汉一家血肉相连，血肉相连。姑娘头上不再扎满小辫，胡杨林也成了遥远的怀念。啊，啊！融合时空的变换，迎合历史的繁衍，维汉一家亚克西亚克西，神圣的土地上再续神奇的新篇。
>
> 桃花源仙境令人神往，桃源是维吾尔人的第二故乡。六百年分离，六百年思念，梦中常回久违的家园，久违的家

园。信仰信念未被时空改变，“古兰经”和“圣训”牢记在心间，摘枝武陵的桃花，采朵天山的雪莲，维汉一家亚克西亚克西，神圣的土地上再续神奇的新篇。

可见，地方政府已将湖南维吾尔族的历史记忆作为地方性知识在传承，它已经成为当地课程的一部分传承给维吾尔族和非维吾尔族的学生，正规教育和清真寺的学习班在一定程度上已取代了家庭中知识传承的功能。这样的传承过程，不仅使湖南翦姓维吾尔族后代对本民族历史的了解与认知，同时也增进了本地非维吾尔族学生对湖南维吾尔族历史的了解，对增强族群边界起到了重要的作用。

我们认为，不论是对先祖的“追宗溯源”，还是近代的翦伯赞等先烈带给族人的荣誉和自豪感，湖南维吾尔族的历史记忆，不仅为当下湖南维吾尔族身份取得合法性，而且有助于翦家族人建构维吾尔族身份、促进湖南维吾尔族向心力的形成，亦是唤起湖南维吾尔族民族自豪感、激发自信心的有效途径。

第四节　清真寺之象征符号

正如湖南维吾尔族族人一再强调的“我们的祖先是信仰伊斯兰教的，我们是祖传的维吾尔族”。所以，从历史到现在，伊斯兰教一直在翦家族人中占据着重要的位置，是族人表述体系中不可或缺的一部分。这不仅表现在翦姓穆斯林中间，即便是在非穆斯林的湖南维吾尔族中，祖先的伊斯兰教信仰同样存在于他们的记忆深处。

一、伊斯兰教的传承（过去）

虽说清朝时已有族人反教，但是仍有部分翦家族人坚守着伊斯兰教信仰，传承着祖先的文化模式。同时，从翦家族人对清真寺以及经堂教育的记载情况看，部分族人的反教并没有影响到清真寺以及经堂教育的良性发展，历史上每一次清真寺大规模修缮之后，伴随的是经堂教育不断注入新的内容。由此可以看出，在明清及民国时期翦家族人对伊斯兰教的态度以及伊斯兰教在翦家族人中的地位。

伊斯兰教信仰与清真寺有着千丝万缕的联系，穆斯林民众的生活不能没有清真寺，聚寺而居的习俗是穆斯林的主要居住形式。翦家族人拥有的第一座清真寺是哈勒·八士父子战死沙场后，朱元璋念其父子的功绩而敕建的“镇南经殿”。在“镇南经殿”敕建之前，也就是在“洪武元年（1368），在桃源枫树哈旗营就已开始了零散的伊斯兰教活动”①，并设有讲经殿。由于这个讲经殿，没有资料显示其具体的位置，据寺管会的翦会长推测：“其实在当时，确切地说是一个帐篷”。“在洪武二十五年（1392）凉国公蓝玉重涉翦旗营看望八士妻妾及其子孙时，在讲经殿做了礼拜，并为镇南经殿选址于枫树口以西伍百五十步。”②此“镇南经殿”就是现在枫树乡清真寺的前身。关于“镇南经殿”在明朝时的状况与演变未见相关介绍与记载，较为详细的记载是在清朝时期，具体的演变过程如下：

---

① 马善平编：《桃源县民族宗教史》，2004 年，第 197 页。

② 见：《中国“维吾尔族第二故乡”民族风情源（园）项目建设方案》，2003 年，第 5 页。

“大清康熙二十年重新四处建筑，其中将镇南经殿改名为‘礼拜西寺’。民国初年又得到了常德清真古寺的具体帮助和资助，于民国五年（1916）重新修整，更名为‘翦家岗清真古寺’。整修后的古寺前有牌坊，寺门的上端呈圆弧形，寺门由中、阿文书写而成，中间为星月球，进门是天井种植花草，通过天井就是大殿，天井两边是讲堂，分高级班和初级班。‘民国’二十四年（1935）夏，国民党回族高级将领白崇禧驻黎家坡时来古寺捐银元将水房翻修，并授‘免驻兵’牌。1966年受当时政治影响，被拆掉，寺产收缴。后于1988年，经上级批准重建，历时5年，于1993年6月28日落成开放。”①

可见，自清朝以来，翦家族人对清真寺的演变有较详细的记载，与清真寺密切相关的经堂教育也同样是历史记述中不可缺少的一部分。首先，翦旗营讲经殿的建立是桃源经堂教育的开端。据《桃源县民族宗教史》记载：哈勒·八士在征剿云、贵诸蛮中，从云南接回了《宝命真经》，聘请了毛拉、阿訇，并在讲经殿举办经文班，培养了一批伊斯兰教传教的接班人，主要使用的教材有《古兰真经》、突厥语和波斯语读物等，经生来自于将士和他们的子弟，费用由维回民族自筹，其目的是维系宗教信仰和宗教活动，以解决南迁后穆斯林信仰和生活上的实际问题。

随着维回民族人口的增加、常桃地区清真寺的不断新建，经堂教育进一步发展壮大。哈勒·八士父子死后，明朝皇帝敕建了“镇南经殿”，尔后又敕建了“株木山书院”（据说位于五房堰两侧）。经堂教育与汉文教育开始慢慢结合，零散的宗教活动、经堂教育步入正规化的教学。到了明末清初，清真寺的寺产扩大，

① 马善平编：《桃源县民族宗教史》，2004年，第211－212页。

有了寺公田、屠宰场和清真食品作坊，经堂教育进一步发展。其中翦家岗清真寺的经堂教育分为高级班和初级班，学制为三年或五年，教材统一编印。除了经文外，加入了大量的汉文学习，有专门经费，经生来源广泛。

清末到民国时期，是桃源经堂教育发展最好的时期之一。主要表现在：有教学纲目和发展计划；有详细的教学计划和规范的课时和教材；有晋级、晋升、结业、统一考试和程序以及实践内容。其间曾有翦万逵、翦象谦和黄承吉等学识渊博的阿訇讲学。其中“翦万逵阿訇利用自己在1919年赴麦加朝觐的经历与李仁山、张春山等大阿訇合作编写的《阿语读本》深受各地清真寺的欢迎，同时翻译了《中阿词典简要》、《阿拉伯风物浅说》，更重要的是将《论语》、《荀子》等汉文典籍列入了教学内容。”[①]

直到新中国成立前，清真寺仍在举办阿语学习班，听5组的一位老人（1930）讲：“礼拜寺教回文（阿拉伯文）了的，是阿訇教的，都有谁（参加）忘记了，但有几个阿訇教，因为，我当时也去了。那时学习不论年龄和学期，大约两个月的时间，只有晚上授课。像我那么大的去的多，只个别的没有去，是父母要求去的，都要求去学。”另一位老师傅（1922）也谈道：“我10岁就开始学经了，后来中断了。是翦万逵阿訇晚上上一小时的课，靠（清真寺）得近的就来学，只几个小孩，也就个把月，阿訇走了就没有学习了”。同时他还提到了，现任桃源县伊斯兰教协会的马会长和现在清真寺翦卫兵阿訇的父亲都是20世纪五几年时在这里学习经文的。另一位2组的老人（1942）也谈到了，在他小学四年级时学了两年的阿拉萨伯文，不过不是在清真寺学的，是在镇南小学学习的，“那时是自愿学的，只几个人学，讲课的老师是清真寺的阿訇。”可见，虽说学习经文的人很少，

① 马善平编：《桃源县民族宗教史》，2004年，第124－125页。

但是，清真寺确实是以各种形式传授阿拉伯文和经文，并且一直持续到20世纪50年代。

从笔者调查资料看，由于翦家族人在清朝时“反教”事件的出现以及家族人员多元化的发展之后，伊斯兰教的传承在民国时似已趋于弱化。翦氏家族三修谱的《家庭改造意见书》中曾提倡节葬短丧：“我族来自回纥，此俗尚有保存者，此后应特别提倡……”可见，在翦家族人中，伊斯兰教的信仰已趋于淡化，因为穆斯林式的葬礼已不多见了，否则“尚有保存者”从何谈起呢？同时对村民的访谈也表明了当时伊斯兰教发展的状况。一位家住新屋村的刘老（1922），一直在礼拜寺做老师傅，还记得新中国成立前的情形。他告诉笔者：“那时来清真寺礼拜的人还要多些，比现在多。来礼拜的只是男性，女的不参加礼拜，那时妇女都还是小脚的，很封建。礼拜的人以老师傅为主，普通的村民少。”5组的一位老人（1930）也谈道：“我父亲去礼拜了的，母亲是汉族，女的没有去，只是男的去。在清真寺礼拜的人不算多，与现在相比，现在人少一些，那时人多一些。”看来当时去清真寺礼拜的村民虽比现在多，但确实数量有限。因为，笔者访谈其他年龄在70岁（1939年前）左右的翦姓穆斯林村民，他们都没有谈到自己的父辈或是祖辈去过清真寺礼拜。如一位1930年出生的翦姓穆斯林村民说：“我父亲不礼拜，他是……所以也没有时间去清真寺礼拜，在家也不礼拜；而爷爷和奶奶也不礼拜，奶奶是汉族，嫁过来后，就按照穆斯林的方式生活了，但是他们不礼拜。也没有经名，从开始就没有起经名。我们那时的婚礼还都是接老师傅来的，我的孩子们就没有接（老师傅）了。”另一位1938年出生的村民（JWY）也说道：“奶奶一代也不礼拜。在清真寺没拆之前，小时候，老师傅礼拜，老百姓不去，也不知道礼拜是啥意思。我出生时也没有起经名，前几年是翦卫兵阿訇给起的。但是，我们这代人结婚时有的找（老师傅），有的也不找，我结婚找老师傅了。以前宗教淡薄，淡薄得很，以前的清真寺都没有去过，以前在家里也没有教过，只是教不要吃肉。”当笔者问清真寺的阿訇：“你老家官山那边也这样吗?”他答道：“也是这样，那时老人也不礼拜，如果那时礼拜的人多的话，到现在不会有这么少的人来礼拜。”并且他给出了自己的看法：“这也可能是（回族）散杂居的原因，与西北的回族信仰还是不一样。（问：可是有资料显示历史上的经堂教育办得很好?）虽说有经堂教育存在，那也只是限于少数的人，仅限于想成为阿訇或老师傅的人，而普通的老百姓参与的不多。”

对翦家族人的伊斯兰教信仰状况需要从两方面分析。

一方面，虽说翦家族人的伊斯兰教信仰越来越趋于淡化，但是，翦家岗清真寺在翦家族人仍占有重要的位置，这不仅仅体现在阿文和伊斯兰教在有限的翦家族人中传承，同时在翦氏族人的人生仪式中亦起着不可替代的作用，如婚礼和葬礼。更重要的是它具有凝聚族人的作用，因为，“翦家岗清真寺有大量的寺产，清真寺的寺公田、屠宰场以及清真食品作坊，”[①] 使得清真寺得以良性运行。在清真寺寺产的支撑下，使得清真寺每次办宗教节日时，面对的是整个翦氏家族，凡是翦家族人都可以到清真寺过节日（见第三章第二节）。村中年纪在70岁左右的老人，尤其那些反教的族人都还记得在开斋节和古尔邦节去清真寺吃巴掌牛肉的事情。因此，清真寺虽说由信仰伊斯兰教的族人管理与维护，而它却是整个翦氏家族的，这一传统仍被湖南维吾尔族继承着。所以，清真寺不仅满足了信教群众的信仰要求，而且在维系翦家族人的发展上亦发挥着重要作用。

另一方面，信仰伊斯兰教的翦家族人并没有因其人数少而处于劣势，且一直拥有相对主流的话语权。因为，翦家族人不仅在

① 马善平编：《桃源县民族宗教史》，2004年，第125页。

族谱中具体规定了家族中的祭祀会要请阿訇开经："遵承祖命，延请阿訇开经一堂，使远近族人知有一定之期，凡临期入祠，沐浴洁净一体"。加之反教的族人多多少少有些"内疚"的情结，虽然这种情结随着反教人数的增多，以及8代3房在历史上的繁荣兴盛而得到缓解，但他们仍觉得有"背离祖先"之意。因此，大事情按照伊斯兰教的要求是正常的，如祭祀会请阿訇开经；祭祀体系虽是依汉族形式进行的，其中的细节却不能完全照搬汉族的传统，如在祭祀会上不许吃猪肉等。正因为清真寺在族人间的主导作用，才没有使族人们真正脱离祖先的传统，那些反教的族人正是通过清真寺、通过那些没有反教的族人达成与祖先的沟通以及精神交流，进而强化家族意识。

二、伊斯兰教的传承（现代）

新中国成立后，情况发生了变化。最极端的表现是，"文化大革命"期间宗教信仰被认为是封建落后的思想，翦家岗清真寺也在此社会思潮的影响下于1966年拆掉，自此宗教活动全部停止。改革开放后，国家落实了民族宗教政策，经上级批准，枫树乡清真寺于1988年获准重建，历时5年，最终于1993年在原址附近重新落成。在宗教活动停止的近三十年间，一代人甚至于两代人没有受到宗教的培养，导致伊斯兰教传承的中断，对本已脆弱的宗教信仰造成了更深层的影响。此外，改革开放后的开明观念对宗教的信仰亦产生了影响：一方面，现代化建设增加了人们的流动性，加快了人们同质化的进程。另一方面，"恢复宗教信仰自由既是党的十一届三中全会以来宗教得到普遍发展的成因，也是信教人数减少、宗教观念淡化的另一原因。”[①] 因为政教分离和宗教世俗化倾向，把宗教信仰变成了个人的私事。新中国成立前，全民信教的少数民族中，如有人不信教则被视为异端，受到歧视和谴责。现在这样的束缚解除了，凡事由自己决定。因此，有些民族信教者减少，宗教观念淡薄。湖南维吾尔族在此历史背景下，不可能脱离社会大背景的影响，亦表现出宗教观念淡化的趋势（见第三章第三节）。尤其是宗教的家庭传承方面趋于弱化甚至失去传承的功能。

（一）家庭中的传承

首先，随着父母在家庭中绝对地位的丢失，对子代束缚能力的减弱，家庭在伊斯兰教传承中的作用日渐衰弱。新中国成立后，翦氏穆斯林在跨族通婚中所娶的汉族媳妇由于家庭地位的提高使她们摆脱了家族和婆婆的约束。另一方面这些汉族媳妇不像传统中的妇女，她们要走出家门，参与到现代化进程中去，因此具有较强的自主性和独立的个性，致使伊斯兰教在家庭中的传承难以为继。[②] 如一位村民所说，“我那儿子结婚还不是请了阿訇的，但是现在也还不是一样，儿媳妇根本无法要求她，也要求不得。”这种状况相当普遍，尤其是儿子、儿媳结婚单过的，这种状况更为明显。

其次，中年一代的村民缺少文化传承的意识，如一位翦姓村民（1963）跟笔者讲：“清真言，我不会，我没有学过，60 来岁的人懂一点，我们跟着那些老人，知道那么回事就行了。我好像

---

① 杨森：《浅析民族宗教意识——肃南裕固族部分群众宗教观念的调查》，载《科学·经济·社会》1999 年第 3 期。

② 佟春霞：《妇女地位的提高与湖南维吾尔族的文化变迁——从一次葬礼的冲突谈起》，载《现代人类学通讯》，2009 年。

没有经名，那个要在谱上才知道（可见他不知道什么是经名），小时候没有来过，我是在父亲去世后，（遇到事情）才过来。”而20世纪70、80年代出生的人，就更什么都不知道了，有的年轻人尽管祖辈或父辈是严格的穆斯林，但是到他这一代就没有什么顾忌了。如笔者问一位刚刚嫁进来的汉族媳妇：“你会不会担心风俗习惯不同影响你的生活？”她答道：“我老公那人适应能力特别强，他啥都吃，不需要我来适应他！”

最后，小孩子们更是接受现代化的教育，受无神论影响，尤其当他们长大后，要么考大学离开了家，要么外出打工，走进大的社会环境中，没有太多的机会让他们恪守宗教传统。对此，老一代人也都持有开明态度，认为年青一代人是闯荡社会的人，无法坚守伊斯兰的信条是正常的。如有的村民讲：“孩子走出去了，外出打工，为了生存，我们也是不做太多要求的，也是没有办法。”

同时，目前养育孩子的方式对伊斯兰教在家庭中的传承也产生了一定的影响。过去的小孩子处于父母的权威之下，有溺爱，但由于中国人的内敛性格往往不会过多表示出对孩子的溺爱。父母的主要职责是管束他们，让他们从小参与家庭的劳动、严格按照家规做事。但是，现代养育孩子的方式则完全不同了，每家的独生子女往往处于在家中最重要的位置，家庭对他们的溺爱已使他们成为家中的小皇帝，很少受人管束，更少有食品禁忌的教导与管束，更谈不上宗教的传输了。就拿与笔者接触较多的一位村民来说，他并没有严格要求上初中的女儿在可能的情况下参加清真寺的礼拜或者在斋月里把斋。

据一位村民讲，在这里真正给孩子灌输宗教思想和民族意识的就只有清真寺的翦阿訇。事实上也确实如此，翦阿訇要求女儿（11岁半）封斋和礼拜。女儿在没有开学前几乎每天都封斋，并且每晚都礼拜。但是她也有她的折中方式，有时她不想参加礼拜，就和父亲讲条件，如“我今晚上练习电脑，不礼拜了。”有时在礼拜时她也调皮得很，当父亲领拜时，她索性就躺在地毯上不起来，或者在一旁玩，当父亲看到时，她赶紧起来和大家一起礼拜，并且在礼拜唱歌时，她的声音比谁的都高，似乎向父亲展示她礼拜的认真。当笔者问她为何不愿意礼拜时，她说：“我不喜欢礼拜是我自己的原因，因为礼拜太麻烦，每次礼拜，都太麻烦。”（那你不礼拜，你父亲会不会生气?）“我不知道，管他呢。”（那封斋呢?）“封斋？明天我就和爸爸说我封斋，封斋，我愿意，不愿意礼拜”。“我 4 岁就开始学习这些了（问候语、清真言、饭前诵语和饭后诵语等），最开始时我背的可溜了”，“我 4 岁就礼拜了，开始时不会礼，只能跟着礼”。可见，现在小孩子的自主性很强，但是父亲的一贯传输还是使她成为村子中具有丰富宗教知识和较强宗教意识的人。相较之下，有一位孩子和笔者说只要能念清真言就行了，其他的都是可学可不学的。

正因为如此，老一代就比较担心文化传承问题，如黄阿姨（1936 年出生）和李阿姨（1932 年出生）给笔者讲：“现在少数民族的风俗习惯要搞起来，现在没有养成，没有少数民族的老师来上课，条件没有跟上。以前（她们小的时候）一个星期有两次教你风俗习惯，教你念经。这个从小时候就要搞起来，不搞就退化了，礼拜、经文和风俗习惯就不晓得，少数民族是不吃酒、不抽烟、不打牌的。现在的家长让孩子去清真寺，他们不听。他们都不懂这个事了，不听家长的，如倒油锅都不懂。从小搞得（从小就应该搞起），（现在）少数民族几大节日都不知道，搞不清白。如果没有老人在，那就都不知道了。有老人在，还可以撑过来。他们只晓得是个少数民族，其他的就不知道了，事情搞不清楚了。如果是少数民族同少数民族通婚就好一些，要恢复就要从小开始。”

由此可见，在现代化背景下，信教往往成为老年人的事情，与下一代没有多大的关系。这一点从到清真寺礼拜的村民年龄上能有很好的体现。斋月间到清真寺礼拜的7位妇女中最年轻的56岁；两位75岁；两位80岁；其他两位为60多岁；男士除了教职人员的年龄不到40岁外，其他的村民仅有一位是1952年（57岁）出生，其余至少有三位年龄在70岁以上的，且有一位老爷子已经80多岁了。因此，从礼拜中缺失的中年人亦可以反映出宗教传承在蒻氏族人中的断代现象。

正如阎云翔所说：我可以有把握地作出这样的结论：虽然在中国农村推行的全面的社会主义改造并没有如期产生出新的社会主义家庭模式，多年的改造却在家庭关系与观念上带动了重要的变化，包括年青一代独立程度的增加、老一代权威的下降、青年妇女在家庭人际关系中的活跃角色……集体化与其他社会主义实践使得家庭不再担当过去的许多社会功能。① 因此，随着家庭在宗教传承中地位的丧失，宗教影响下的民族传统也已经退化，面对这种状况，伊斯兰教的传承则完全转嫁到清真寺。

（二）清真寺的传承功能

新中国成立前的清真寺，小孩子一边学习儒学，一边接受伊斯兰教的教规与教义。如前所述，有的村民（1942）在镇南小学还读了两年的回文，当时是自愿学习的，学习的人虽不多，只有几个人学习，但是老师是清真寺的阿訇。新中国成立后，经堂教育中的文化课部分由学校教育承担。尤其是新中国成立后的各种政治运动也在弱化村民的宗教信仰。在回维村，清真寺被拆掉的近30年间（1966－1993），加之“文化大革命”的影响，清真寺内的宗教活动，如每周的主麻日、开斋节、斋月间的礼拜以及

---

① 阎云翔著，龚晓夏译：《私人生活的变革：一个中国村庄里的爱情、家庭与亲密关系 1949－1999》，世纪出版集团上海书店出版社，2006年，第12页。

古尔邦节等宗教活动完全停止。只有当穆斯林民众家里遇有“无常”（去世）时才会请村子中的阿訇或老师傅主持，至于结婚、生子或盖房之类的事情则不再请阿訇了。因此，在这段时间内，清真寺显然已完全失去了伊斯兰教的社会传承功能。

当清真寺于1993年重新落成后，宗教活动渐渐开展，然而清真寺真正担负起宗教传承的功能是在2006年以后，也就是翦卫兵阿訇到枫树清真寺开始主持工作。在2006年之前，清真寺没有专人负责，只有村中的薛金武阿訇（回族，现已过世）负责管理。他只有在清真寺有事情需要处理时才来清真寺，平时清真寺的大门是锁着的。但毕竟主麻日、开斋节等宗教节日以及湖南维吾尔族的重大活动，村民们有了活动的场所，如落成后的枫树清真寺还分别在1996年和2003年11月成功举办了中国湖南维吾尔族南迁625周年庆典活动和湖南桃源枫树清真古寺建寺600周年庆典活动。这两次庆祝活动虽说普通村民参与不多，但是这种大型活动的举办对增强村民的宗教意识、培养民族意识、建构民族身份都产生了重要的影响。因此，在此意义上说，清真寺的宗教传承功能已得到些许的发挥。

清真寺在宗教传承方面的功能发挥主要在2006年以后，即翦卫兵阿訇从绍阳调来枫树清真寺工作。一方面，他有计划地举行了民族宗教学习班。他分别在2006年、2007年、2008年的暑假举办了面向中、小学生以及大学生的学习班，主要讲授伊斯兰教知识和民族知识。正如翦阿訇本人所说，“民族、宗教不分家”。清真寺举办的学习班不仅让族里的孩子了解伊斯兰教，同时也让他们系统地学习翦氏家族的历史，使清真寺的社会传承功能越发地彰显出来。

学习班具体情况。第一年的学习班有近80名学生，分两个班，每班40人，学习时间一个月。第二年由于人员少，只办了一个学习班。第三年的情况同第二年大体相同。除了面对学生的学习班，在2006年还举办了老年业余班和妇女学习班。老年班当时大约有30位村民报名参加，最后坚持下来的有翦万元，王章智，薛悟生和翦象业四个人。妇女班“当时有20～30人，基本都坚持下来了，只办了一个学期，大概办40～50天，每天都去，早饭过后就去，一直到12点就回家了，老公没有反对，家里的事情我说了算。”一位妇女这样说道，“当时去学习班学习的回族多一些有20多个，汉族8个左右，其他的就是维吾尔族。”

另一方面，翦阿訇将向村民传教作为自己工作任务的主要部分。自2006年翦阿訇到清真寺主持工作之后，每周的主麻日，入斋、封斋、开斋节以及古尔邦节等宗教事宜都有序地进行着，尤其是每次礼拜前的宣礼对翦姓维吾尔族伊斯兰教的教化起到了耳濡目染的作用。同时他去各家各户向村民宣传宗教，让他们到清真寺礼拜，教给他们宗教知识，如一位王姓村民就是他培养出来的，他即将考取老师傅职位。还有村民同笔者讲：“以前我们这里的人是不礼拜的，只有清真寺的老师傅礼拜，我们都不知道礼拜是什么。是翦卫兵阿訇2006年来了之后，教我们念经，指导我们礼拜，每家每户地宣教，教我们念《古兰经》，我们才有这个意识了，才学会礼拜。”5组的翦师傅（1939）也说：“以前宗教意识淡薄，淡薄得很，以前的清真寺都没有去过，后来阿訇来了教我们礼拜、念经，增加我们的宗教思想，以前家里也没有教过，只是教不要吃（猪）肉。（20世纪）90年代礼拜，老师傅他们礼拜，星期五，斋月里礼拜，我们不知道什么意思，都不晓得。奶奶一代也不礼拜。在清真寺没建之前，小时候，老师傅们礼拜。老百姓不去。”

翦阿訇来清真寺主持工作之后，清真寺的大门也就很少上锁了，院子里干干净净，有专门的寺师傅进行打扫。偶尔也有村民来清真寺请老师傅或阿訇宰牲的。笔者就曾遇到一位老太太拎一只鸡过来请阿訇宰生。当村民家里遇到无常时，家人也自然去清真寺请经、接阿訇和老师傅等。因此，清真寺和主事的阿訇给信教的群众带来了心理和精神上的依靠。

随着翦姓维吾尔宗教意识的淡化，人们的生活中已没有多少空间留给清真寺和伊斯兰教。正因为此，历史上清真寺和伊斯兰教对翦家族人所起的凝聚作用亦在减弱，如前所述，历史上每逢伊斯兰教的宗教节日，如开斋节或古尔邦节，全族的人有到清真寺吃巴掌牛肉的传统。现在人们的生活水平好转以后，不仅日常事务繁忙，而且巴掌牛肉对村民的吸引力似乎已不像以往那么强大了。在这种状况下，如何看待伊斯兰教以及清真寺在现代化背景下所具有的意义以及在族人中的作用值得进一步思考。

三、象征符号——清真寺

有学者对现代社会中清真寺功能进行人类学解读，认为在现代社会，清真寺在穆斯林生活中依然起着重要作用，尤其在与社会的互动中，发挥了积极的作用，如巩固穆斯林的宗教信仰、协调内外部关系、提供族群认同的场景、政治引导等方面。[①] 就枫树乡的清真寺而言，因信教群众寥寥无几导致了它在如上几方面功能的弱化，虽说清真寺的传承功能仍将继续，但是，在目前情况下，其更多表现为与族群认同相联系的展演性以及所具有的象征意义。

（一）清真寺宗教传承功能以及在村中的影响

虽说目前真正参加礼拜的村民很少，但如果没有清真寺的存

---

① 罗慧翾：《现代社会中清真寺功能的人类学解读》，载《中央民族大学学报》（哲学社会科学版）2007 年第 3 期。

在，那么些许的宗教信仰也许早已被搁置在湖南翦姓维吾尔族的记忆深处了。所以，现在有些村民（主要是经常到清真寺礼拜的村民）最担心的是：听说清真寺的翦卫兵阿訇要离开清真寺了！这个消息在信教的村民中，引起了担忧。他们担心如果清真寺的阿訇离开，到清真寺礼拜的人会更少了，那么这儿的伊斯兰教信仰与传承问题似乎就会陷入2006年之前的状态。乡里或者说族内精英人物同样担心清真寺没有人主持工作。

阿訇有阿訇的困境。阿訇要离开的现实原因主要来自于收入较低。由于枫树乡回维村的信教群众少，很难供养他生活。他每年只能从乡里获得4250元的生活补助，这样少的收入加之小孩子上学，很难维持一家三口人的生活开支。因此，他的媳妇回到山西娘家那边做美容师，他则利用空闲时间去桃源县城做摩托车出租的生意。当问他是否有离开这里的想法时，他答道："有这么个想法，收入上顾不住，改行可以跑运输，买个中巴车，拉客。但是，要离开，也没有那么快，最少也要把今年过去，因为和乡里的合同还没有到期。"

同时清真寺不仅是枫树乡，更是回维村的一部分。因为，反教的村民们虽不来清真寺，可是对于清真寺的一些事情都略知一二，如谁是阿訇、有几位老师傅，都是谁、上面给清真寺拨款了会怎样使用、开斋节去的人多少，都谁（大人物）去了，等等，他们都有些了解。可见，回维村的村民早已将清真寺纳入社区表述体系之内，并且由于来自同一个家族，大家亲戚套亲戚。因此，在这个不大的空间范围内，村子里发生的事情，大家不会因为宗教信仰不同而影响获得信息的途径，清真寺也自然成为村民们茶余饭后的聊天内容之一。也有村民跟笔者讲，在清真寺的影响与带动下，有的翦家族人有回归伊斯兰教的倾向，是族里的两位精英人物（当然真正使他们产生回归伊斯兰教的原因是多方面的）。当笔者向清真寺的阿訇求证时，他说道："好像听说了，有这么个想法，但是真正回归的还没有一个人。事实上看也不太可能。”

尽管清真寺的传承功能已经弱化，但是，它在湖南维吾尔族中的影响仍会继续，仍是翦家族人们关注的主要内容之一。

（二）清真寺的接待与展示功能

老清真寺，也就是翦家岗清真寺是“文化大革命”期间（1966）作为“四旧”拆掉的。在党的十一届三中全会后，国家落实了民族宗教政策，先是枫树维吾尔族回族乡于1986年成立，随之枫树乡清真寺也于1993年6月28日隆重落成。同年的12月经桃源县委统战部行文，县民宗办批准成立了寺管领导小组；1998年5月晋升为管委会，并将其编入了《中国清真寺》和《中国旅游名胜大辞典》。据现有文献表述：外形设计完全参照了新疆清真寺的形式①，“该寺占地3亩，用资24万元，同时可容纳300人礼拜。”②

建成后的清真寺，不仅将哈勒·八士的墓移到清真寺院内，在清真寺的墙壁以及重立墓碑的说明均清楚地刻有祖先的历史供来访者阅读。清真寺的大院内有现任和往任官员，如赛福鼎·艾则孜，司马义·艾买提，铁木尔·达瓦买提，阿不来提·阿不都

① 枫树清真寺的建筑形式到底有没有引入新疆清真寺的建筑风格，似乎仍有商榷的余地。当笔者问，“枫树的清真寺在哪些方面参照了新疆清真寺的特点?”清真寺的翦阿訇讲道：“我没有去过新疆，不知道新疆清真寺的特点，但是我没有看出来与回族清真寺有什么不同，和我在邵阳的清真寺一样，我们这边维吾尔族与回族的清真寺是不分的，一样。这个清真寺有一点区别就是那个楼梯是盘上去的，这是一点区别”。去过新疆的一位翦姓村民也说道：“与新疆的清真寺也不一样，新疆的清真寺大殿是敞开，长廊式的，是一种廊房式的建筑，并且两边有‘宣礼塔’，我们这边主要是阿拉伯式的建筑。维吾尔族小的清真寺，我没有去过。这个清真寺设计的新月、两边的圆拱，阿拉伯和伊斯兰教中都有。”

② 马善平编：《桃源县民族宗教史》，2004年，第212页。

热西提等人的题词。据清真寺的翦阿訇讲："我是2006年从湖南邵阳调来的，虽然这边的宗教信仰非常淡化，但是工作很多、很忙。工作中的多半以上都是接待、开会和学习这样的事情。"在笔者调查期间，虽然乡长让笔者有事情找阿訇帮忙，但他整天都在忙，能找到他的时候并不多。

随着展示功能的增强，清真寺渐渐成为族人举办宗教活动和庆典活动的重要场所，成了湖南维吾尔族对外交流与展示的窗口。如清真寺落成之后，不仅成功举办了中国湖南维吾尔族南迁625周年庆典活动（1996），尔后在2003年11月主办了湖南桃源枫树清真古寺建寺600周年活动；而且清真寺自建成至今接待了来自泰国、日本、巴基斯坦，以及台湾、新疆、河北、陕西等国内外20多个团体的参观访问，并多次接待国家领导人、阿拉伯国家元首以及众多外省、市领导和穆斯林同胞；1999年8月枫树清真寺被湖南省政府授予"湖南省重点宗教活动场所"、桃源县级文物保护单位，是桃源县政府指定的接待旅游景点，并成为桃源县桃花节期间，政府指定的穆斯林接待点和旅游点。

除了官方性的接待与文化旅游，非官方性的来访同样络绎不绝。几乎每天都有来访者，包括正式的和非正式的。有学生、作家，也有官员；有的过来旅游，有的则是认祖归宗，更有的是从新疆专程赶来看一看第二故乡的人；有时一天几批来访者：有步行过来的，也有开车过来的；有的只是一个人来，也有成群结队而来的；有的进来也不与阿訇打招呼，只是到清真寺院内和大殿转一圈，看一看清真寺，读一读碑文，然后就离开；也有的开车前来，坐下来与阿訇座谈一会，了解一些历史和现在情况；再者就是像笔者这样做调查的学生或学者，往往会在村中待上一段时间，不时地到清真寺与阿訇交流，在一段时间内成为清真寺的常客。据笔者统计，从2006年初到2009年11月到枫树回维村做调查的学者或学生有：新疆大学的一名硕士；兰州大学的一名博士；中央民族大学的一个暑期调查组（一行3人），并最终形成硕士论文；南开大学的一名硕士；中央音乐学院的一位本科学生；还有中国社会科学社的研究员热依汗·卡德尔，据说她每年都要光顾回维村一次，当然还有笔者。这样算下来，在短短的3年间至少有10位学生或学者来此地调研。所有来枫树做调查的人，乡长首先安排在清真寺参观并与清真寺翦阿訇进行简单的交流。笔者在2008年6月第一次去枫树乡时，在与翦乡长和清真寺管理委员会的翦会长简单聊过之后，翦乡长则带笔者去了清真寺。总之，形色各异的人都慕名而来，而首先参观和落脚点通常是清真寺。

（三）现代背景下，清真寺的象征符号意义

首先，不可否认，伊斯兰教信仰在翦姓维吾尔族中间已经出现了淡化和分化的现象，以至于现在少有族人参加清真寺的礼拜，但是，清真寺一方面通过每周五主麻日的邦克声提醒和感召那些信奉伊斯兰教族人的穆斯林身份；另一方面，每年的斋月、开斋节和古尔邦节等宗教活动使清真寺成为信教的翦氏族人交流思想、强化认同的地方。

其次，对于非穆斯林来说，清真寺是他们联系祖先的一个象征。反教的族人正因为清真寺才没有完全忘记祖先的文化、家族历史以及家族发展衍化的过程，进而达到与祖先的沟通和精神交流。而对逝去祖先穆斯林身份的想象是族人建立共同认同、强化家族意识以及建构当前维吾尔族身份的基础。因此，清真寺和祖先墓地作为社区中存在的具体景观，“是激发叙事和记忆的因素，也是各种叙事与记忆交汇在一起生产意义的场所。”①

① 汤芸：《社会记忆·景观·叙事》，见王铭铭主编：《中国人类学评论》第2辑，世界图书出版公司北京公司，2007年，第246页。

最后，当时空转换之后，翦家族人拥有一个新的民族身份时，清真寺的意义更超出了家族的范围成为与新疆维吾尔族沟通与交流的平台。它的存在象征着与新疆维吾尔族的文化关联，同时也是主观想象与建构的基础。历史上的清真寺虽有经堂教育，但主要面对翦家族人以及当地的回族穆斯林，具有民间性质，而现在的情况则完全不同了。随着其展演功能的增强以及国家实施的民族宗教政策，清真寺在现代背景下，不仅仅成为地方文化知识或民族文化传统的一部分，同时也是与新疆维吾尔族建立对话的基础，是增强彼此民族认同的必要手段。

清真寺带来的认同情感具有明显的想象与象征意味。因为，清真寺勾起的是外界对湖南维吾尔族的总体想象。清真寺背后隐藏的多样文化现实被这个窗口掩盖起来。外界看到的，即是清真寺展现出来的，清真寺背后的多样文化现实则需要人们通过窗口的展演进行想象，而恰恰是这个窗口决定了外界可想象的范围与能力。

综上所述，枫树乡清真寺不仅将翦氏族人与他们的历史记忆在现代背景下勾连起来，不时提醒族人们的祖先、祖先的信仰；它亦关涉着湖南维吾尔族的身份等一系列问题，标示着湖南维吾尔族的存在。尤其是清真寺的存在隐去了翦氏族人文化多样性的现实，清真寺则又成为翦家族人与新疆维吾尔族求同存异的基础，是两者对话与交流的平台，是建立遥远想象的象征符号。

因此，对于湖南维吾尔族来说，尽管在历史的发展过程中，出现了部分族人“反教”以及近年来宗教意识淡化的现象，但是，这些并不能否定宗教在翦姓维吾尔族中保留下来的事实，不论过去、现在抑或是将来，宗教仍发挥着重要的作用，具有重要的意义。通过它，族群存在的意义可以形成传统，而清真寺本身又是作为追溯历史记忆的一个手段、一个切入点。因此，在现代背景下，在翦家族人的民族身份建构的过程中，清真寺的象征意义不言而喻。

第五节 民族政策与身份建构

杜磊认为："决定族群成员身份的不是所分享的共同文化，而是当事人自己的归属和认同意识。由于庆典及各种神话被视为追求基本利益和权力意愿起作用的手段，所以无论是西北的穆斯林回族还是东南的非穆斯林回族，他们的认同无不同国家力量有关。"① 自杜磊的与国家政策相联系的回族认同理论引入对民族认同的研究之后，有关民族政策对少数民族认同的影响一直是学者们关注的重点之一。

我国目前的民族政策建基于20世纪50年代的民族识别，是以国家法律形式规定下的少数民族享有民族平等和民族区域自治的权利。那么，我国现有的民族政策是如何影响到一个民族的存在意识呢？正如谷禾研究认为："国家通过'民族识别'明确了各民族的正式名称，划清了各民族在相互认同方面的民族意识边界；通过建立民族自治地方，进一步划清了各民族在行政上'当家做主'的地理行政边界，并通过一系列对少数民族的照顾政策，把少数民族成员作为'特殊公民'，划出了他们与其他社会成员之间在有关法律和其他管理办法适用程度上的边界。"② 这样自然对民族意识的形成与培养起到了重要作用。因此，在此背

① 马海云：《回族研究的新视野：一个方法论的讨论兼评杜磊〈中国穆斯林〉》，载《回族研究》1998年第4期。

② 谷禾：《民族政策与少数民族身份认同的建构》，载《学术探索》2007年第6期。

景下，我国的民族政策主要通过两方面影响民族的身份认同，即"民族成分"制度和民族区域自治制度。就湖南维吾尔族而言，笔者在考虑如上两个方面的影响时，也考虑到个体在民族政策之下的能动过程。

一、民族政策与民族意识

民族成分识别之后，强调民族成分的情境在增加。民族成分是人们在上学、当兵或参加工作等一系列人生经历中必须填写的内容之一。就如一位回族的老师傅所说，"新中国成立前，我们只有五大民族，汉、满、蒙、回、藏。那时也不重视少数民族，有登记的时候只问你'么的名、么的姓，家住哪里，等等'。新中国成立后，国家重视少数民族，在登记时，还要填什么民族，从那以后，你们就要写维吾尔族，我们就写回族"。因此，少数民族成员从出生申报户口、上学、就业到结婚等，不断地确认着自己的"民族"身份。同时，"通过实施'与民族成分'制度相联系的民族照顾政策，少数民族的'民族成分'又与自身的利益联系起来，这进一步强化了少数民族群体的民族认同选择。"①

民族识别之后，每个少数民族都有具体的名称，尤其当"族群认同处于重新发现、改头换面与自我肯定之际，名字就会以某种方式不断作祟。一个国家、一个个人、一个群体的名字，背负的是它整个过去的资产。在族群认同中，名字虽然不是核心部分，但却可以引导我们找到核心，引导我们深入核心内部的历

① 谷禾：《民族政策与少数民族身份认同的建构》，载《学术探索》2007 年第 6 期。

史、渊源与感情。”[①] 在“重新命名的情况下，族群作为命名的社会文化单位，共享着共同的认同，人们可以由族称追溯和重构他们的族群历史，族群起源和‘有代表性的’文化。”[②] 这样，在名字之下寻找核心、历史、渊源与感情的同时，加之主流话语已使每个少数民族从族源到文化都有一套相对统一的表述体系，也就是“有代表性的”文化，这样尤其会突显以民族之名统合下的文化风俗习惯的培育，就如湖南维吾尔族对新疆维吾尔族文化的认知与培育过程，进而起到强化一个民族的文化认同作用。

翦姓族人在确定为维吾尔族之后，那维吾尔族的意义在哪里？在此情形下，他们则通过历史与现实、族内与族外的互动强化自身对于维吾尔族身份的认知，还要有意无意间按照主流的表述体系来建构他们的文化模式。这样使他们有了共同奋斗的目标，那就是建构文化上的认同进而达到民族认同的目的。尽管，湖南维吾尔族在精英的主导下培养新疆维吾尔族的文化认同中，因与新疆维吾尔族缺少共同生存经历而显得不十分顺利。然而，这似乎并不会阻止他们在本民族（维吾尔族）的话语体系下建构维吾尔族身份，以增进民族认同的脚步。

民族区域自治政策是我国民族政策的又一重要内容，它对少数民族的民族意识强化亦起到重要作用。少数民族区域自治的形式有自治区、自治州、自治县和民族乡四个形式。民族自治地方的自治机关享有自治权，主要表现为行使立法权、经济发展权、财政权、少数民族干部培养权、发展教育和民族文化权、评议文字使用和发展权以及科技文化发展权等。在国家的民族区域制度

---

① ［美］哈罗德·伊罗生著，邓伯宸译：《群氓之族：群体认同与政治变迁》，广西师范大学出版社，2008 年，第 100 页。

② 王建民：《新疆民族族称与族群认同》，见周大鸣主编：《中国的族群与族群关系》，广西民族出版社，2002 年，第 305 页。

下，有条件的民族散居地都会申报成立民族乡，没有条件的也要创造条件尽量申报。枫树维吾尔族回族民族乡就是在此背景下于1986年申报成功的。

正因为民族区域自治下的民族乡对个体的发展更具意义，所以，当时枫树维吾尔族回族乡成立时，几乎所有的村民对此都有记忆，甚至有的村民认为，他们的民族成分是在民族乡成立时才更改成维吾尔族的。枫树民族乡成立时乡里举行了一些庆祝活动。尤其是成立10周年之时，枫树乡更是举行了盛大的10周年庆典活动，这一庆典活动本身更显示出“民族乡”对于该地民族以及枫树乡所具有的意义。

枫树乡10周年庆典活动。枫树民族乡10周年庆典于1996年10月6日举行，该乡的筹备工作更具特色，以乡长马善平为首的组委会，受全乡群众的委托，赴河南长葛、北京、新疆恭迎嘉宾前来指导。10月6日，受国务委员司马义·艾买提同志委托前来祝贺指导的有国家民委文宣司司长田希宝、国家民委政法司副司长阿不来提、中央民族大学副校长朱玛洪、中央民族大学民族研究院院长杨圣敏、国家民委文宣司语言处处长阿不力米提和中央、新疆、河南等地的客人。此外省民委副主任马昌忠、省伊协会长马亮生和市委、市政府、市民宗办、市伊协和以县委书记胡宗清同志为团长的县委、县政府领导，县直单位，全市各民族乡民族村的来宾，乡机关单位村级代表共计一万余人，在乡中学举行了空前的纪念大会，同时编排并演出了大型的文艺节目——《甜甜的歌儿迎宾客》，时任枫树乡的书记郑兴进、乡长马善平主持了这天的庆典大会。作为乡庆的规格、规模以及影响力为全省之最，有序的组织、得体的安排得到了上级领导与来宾的一致好评。①

民族乡盛大的10周年庆典是彰显民族性的有力表现。作为民族乡的个体不仅可以感受到强大民族性带来的自信与自豪感，更主要的是民族乡申报成功后，人们所能享受到的相应照顾政策，有关民族乡的具体照顾政策如下。

> 党和政府为促进散居少数民族各项事业的繁荣，先后执行了一系列优惠照顾、倾斜政策，帮助少数民族地区发展：1. 税收照顾政策。从1993年起，对民族乡的新办企事业免征三年的所得税、营业税，三年后仍有困难的延期二年。1986年起，对民族乡的农业税实行减半征收。2. 计划生育照顾生二胎政策。从1986年起，凡民族乡的农村少数民族公民，符合《湖南省计划生育管理条例》规定生二胎的，允许多生一个孩子。3. 尊重少数民族的宗教信仰和生活习惯。回、维民族信仰伊斯兰教，禁食猪肉等不洁食品，实行土葬。这一习俗从1950年起至今得到了尊重。在计划经济时代，对与少数民族生活相关的物质如植物油、木材、白布等给予特殊的安排。对春油定购任务给予减免。2002年6月，在枫树维回乡兴建了清真牛羊肉加工厂，投资20万元，使桃源的清真牛羊肉畅销外地。同时，50多年来，对回维民族家庭的自食牛羊肉免征各种税费。4. 对少数民族和民族乡的汉族报考大中专院校的考生实行优分照顾。民族乡的少数民族考生优惠20分，汉族考生优惠10分，民族乡以外的农村少数民族考生优惠10分，城市少数民族优惠5分。5. 公民民族成分的更改。凡民族错填、错报的少数民族公

① 马善平编：《桃源县民族宗教史》，2004年，第185－186页。

民，均按政策予以更正。从 1990 年开始其清理更正 1200 人。①

同时，民族区域自治政策加强了对少数民族干部的选拔和培养，有助于培养本民族的政治精英，使少数民族更好地参与本民族地区的建设，对发展本民族事务起到了一定的作用。

民族干部的学习、培训与使用。1949 年桃源县委、政府成立后，把民族干部的学习培训作为一项十分重要的工作。20 世纪 50 年代初，先后选派马吉和、翦仁成到中南民族学院学习一年。1953 年派翦汉权（农协主席）到北京等地学习。1973－1975 年，翦象胜、翦凝建、翦寿清由省委统战部安排到北京、上海、武汉等省、市参观学习。

1977 年恢复高考以后，民族干部的学习培训进入正规化，由短期培训发展到短期、一年、学历培训、选培等形式。1989 年由县组织部选送黄德新到省委党校学习两年。1991 年又选送马善平到中央民族大学学习两年。1996－2001 年，先后选派翦影、刘胜权、黄四清、翦正红、马辉、马标、向真金、文会平等到市委党校学习培训。可以这样说，1950－1989 年，翦仁成、马吉和是桃源民族干部的代表。1990－2000 年，翦仲成、黄德新、马善平是桃源民族干部的代表。在民族干部的选拔和使用上，各级党组织十分重视，据统计，从 1949－2002 年，全县共培养回维族干部近 300 人，其中副处级以上干部 16 人，正科级干部近 30 名，副科级干部近 40 名，中级以上专业技术人才 260 多名。妇

① 马善平编：《桃源县民族宗教史》，2004 年，第 270－271 页。

女干部10多名，大专以上近百名。[①]

这些选拔出来的民族精英作为国家机关的一员，一方面完成国家的相关政策的执行，另一方面则以本民族事务为主要工作对象，如枫树乡翦林华副乡长每天接触的人以及谈话内容都少不了自身民族这一块。在他的总体工作中，有三分之一至三分之二的工作围绕着本民族的相关事务，如宗教发展、阿訇的引进、民族学校的建设与发展、翦伯赞故居的筹划与建设，等等。就如翦正红（2009）乡长在文章中提到的内容也都是涉及民族事务，如"民族干部配备比例明显不足，且后继乏人；民族事业工作经费严重不足，财源建设资源匮乏；民族工作位置摆放不对，独特资源优势没得到充分利用。"所提出的四点建议是"一、不拘一格，优先培养、选拔、使用少数民族干部；二、对接政策，大幅增加民族工作经费；三、独树一帜，大力彰显民族文化艺术特色；四、不遗余力，大力挖掘与整理民族文献资料。"可见，她的工作框架是处在民族乡之下，她的着眼点是如何发展民族乡，所以，资源的获得更多的是以民族乡的身份来获得，致使她的视角自是与其他的干部不同。

正因为此，民族自治政策在保障少数民族当家做主、实现少数民族管理本地区民族内部事务的同时，更是培养了本民族的政治精英，少数民族精英的存在以及良性发展为构建民族认同无疑起到了重要的作用。

综上所述，民族乡的成立既有利于本民族的经济发展也有利于本民族的文化发展，更有利于个体的发展。在这种状况下，作为少数民族，他们能够享受到的优惠待遇得以更充分地体现；以民族乡之名争取来的、较为宽泛的发展空间对强化个体的民族意

① 马善平编：《桃源县民族宗教史》，2004年，第272－273页。

识更是起到了促进作用。因此，“我国制定实施了公民民族成分以及与之相联系的民族照顾政策，使得传统的基于血缘与文化基础上的民族身份通过国家政策被制度化，并同一系列的社会现实利益相联系，民族认同被强化、巩固下来。”①

二、民族政策与个体关注

个体在利用国家民族政策的能动性上，主要表现为关注子女的少数民族身份以及少数民族所享有的照顾政策。关注子女的民族身份主要体现为翦姓维吾尔族与汉族通婚时，其子女的民族归属问题，如果父亲为维吾尔族的话，那子女的民族归属自然跟随着父亲，这也是传统思想的体现；当维汉通婚中父亲为汉族的情况下，他们的子女通常会选择维吾尔族作为民族归属，这种情况在目前的中国是十分普通的现象。正如有学者在相关的研究中指出：“不同民族通婚所生子女在选择民族成分时，产生了汉族与少数民族通婚所生子女趋‘少’，少数民族间的民族通婚所生子女趋‘小’，即选择父母所属民族中人口更少的一方作为子女的民族归属。”② 回维村少数民族间的婚姻中，如维吾尔族与土家族（当地仅有几位土家族）通婚，其子女一般为维吾尔族。这与当地维吾尔族较为强势、具有更大的知名度有关。因此，这并不能否认子女的民族选择模式不受国家少数民族的照顾政策影响。

除了关注自己子女的民族归属外，村民们普遍关注的是国家

---

① 谷禾：《民族政策与少数民族身份认同的建构》，载《学术探索》2007 年第 6 期，第 25 页。

② 鲁刚：《现阶段我国少数民族人口发展的回顾与展望》，载《云南社会科学》2005 年第 4 期，第 101 页。

规定之下针对少数民族的具体照顾政策。在访谈中，村民们谈到最多的就是国家的照顾政策现在越来越少了。如取消农业税之后，他们就感觉没有受到什么优待了。对于子女的考学加分政策，只有家里有子女面临升学时，他们的父母才会关注考学是否有加分的照顾。有的村民明确表示，她的子女在考学中并没有享受到任何加分的待遇，同时她也指出，现在虽有加分的政策，可是民族乡的汉族也享有加分的政策，只是加的少而已，所以，他们认为汉族也是在享有照顾政策。对于是否可以生育两个孩子的问题上，也是各种说法：有村民举出了某位村民在生两个孩子之后，如何被罚款；有的村民则肯定少数民族完全可以生育两个孩子。虽说，村民们对国家具体法规的实施多多少少具有不确定因素，比如说考学是否加分，但是，作为少数民族，他们晓得他们不同于“大汉民族”（村民的表述），他们应当享有国家的照顾政策。虽说这些照顾政策不一定令他们完全满意，正如有的村民表示，“现在的少数民族越来越没有什么优势了，以前享受的是农业税减半，现在农业税全都免了，所以，现在什么少数民族不少数民族的，都一样了。”

从某种意义上说，民族是一个符号。个体如何借用民族的符号达成与国家政策的互动？事实上，处于民族之下的个体是真正具有能动性的主体。在这一过程中，民族是一个工具，它为社会实践提供了操作原则，在利益权衡中成为奋斗的目标。尽管现在时有村民抱怨，但是，他们却不愿放弃可能的少数民族身份，就如维吾尔或回族女子外嫁出去所生的子女一般均以母亲的少数民族身份申报户口一样，其目的是想以少数民族的身份为子女将来的考学或者就业提供些优势，因此，在此意义上说，有了这个民族的“工具”或是“通行证”总是比没有好，毕竟国家实施的是少数民族照顾政策。

所以说，少数民族照顾政策不仅强化了各少数民族在自身族名下的身份认同与建构，同时也培育了少数民族这个群体的观念。虽说各少数民族之间是完全不同的，但是他们基于共同利益获得方式而逐渐形成一个更大范围的群体，即“少数民族”群体。

第六章　客观文化 VS 主观认同

从湖南维吾尔族认同的建构过程看，目前翦氏族人早已建立起维吾尔族的身份认知，并以“姓翦的都是维吾尔族”表明翦氏族人与湖南维吾尔族自成一体的事实。然而，翦氏族人与湖南维吾尔族是历史进程中两个相对独立的表述体系，它虽是两个认同模式在当下的融合，但是其中蕴涵的却是湖南维吾尔族在历史发展过程中认同的两个层次，在当下，他们对维吾尔族或说对新疆维吾尔族的认同到底是怎样的认同形式，其意义又在哪里？

第一节　客观标准：缺失的文化认同

翦家族人对维吾尔族的身份认同经过相对漫长的认知与建构过程。虽然有族人认为，他们“是祖传的维吾尔族”，只是由于时间太长忘记了他们真正的民族身份。但不管怎样，历史上翦氏族人对维吾尔族的认同无从谈起。① 即便是翦氏族人被国家认定为维吾尔族之后，经过 50 多年的培养，已建构起维吾尔族身份

① 杨圣敏教授曾在课上讲过：人们一提到维吾尔族，大家都想当然认为维吾尔族是自古就有的，其实新疆的维吾尔族过去不都自称为维吾尔族，东西两边一直到清朝的时候还分得很清楚。他们叫东边的为维吾尔族，西边的叫西域人、喀什人或阿图什人。他们来北京后也分成两部分，之间少有往来，互相不认为是一个民族，到清代还是这样。所以，那时的地域认同远远大于民族认同。

的认同体系，事实上，对湖南维吾尔族来说，新疆同胞所能唤起他们认同的情境却是相对有限的，现详述如下。

首先，湖南维吾尔族与新疆维吾尔族之间的相互交流是有限的。虽说，自翦氏族人被认定为维吾尔族之后，尤其改革开放以来，有太多的交流活动促成了他们对维吾尔族身份的认知，完成了维吾尔族身份的建构，然而，大部分村民只是见过新疆师范大学到乡中心中学讲授维吾尔语的马若彦老师，除此之外没有再见到过其他新疆维吾尔族同胞。尽管新疆维吾尔族不时有人来访枫树，他们一般也只是到清真寺做短暂停留。普通村民见到新疆维吾尔族的场所几乎局限在清真寺内，那些远离清真寺，又少去清真寺的村民几乎没有人见到过其他（除马老师之外）的新疆维吾尔族同胞，即便有村民知道清真寺来了新疆维吾尔族同胞，一般也不会特意跑去清真寺专程看望他们。

其次，在有限的交流情况下，湖南维吾尔族与新疆维吾尔族缺乏真正意义上的文化体验与文化理解。不论去新疆参观考察，还是新疆维吾尔族同胞到枫树乡回维村参观访问，普通村民并不是参与活动的主体。绝大部分的村民只停留在听说有这件事情的程度上，真正的互动不在普通村民层面上进行。这些事件更多的是提醒村民们自身的维吾尔族身份，缺少私下的、深层次的文化交流、理解与体验。即便是族内精英与新疆维吾尔族的接触与互动亦很有限。清真寺的翦阿訇更多从伊斯兰教的角度理解新疆维吾尔族，也就局限于共同伊斯兰教信仰的想象上；寺管会的翦会长通过自己的学习、积极参加维吾尔族的学术会议，并以撰写文章等方式积极参与到对新疆维吾尔族文化的了解与互动中去，其深度和广度仍很有限。

所以，普通村民对新疆维吾尔族的文化知之甚少或一无所知。当笔者问村民“您家里是否有新疆维吾尔族的物品，如衣服、光盘、歌曲等?”有一半以上的村民说“没有。”有一半的村民回答，“有，有帽子。”“其他的？没有其他的。”村民们也没有通过电视了解新疆维吾尔族的风俗习惯。一是，他们不懂维吾尔语，再者他们的闲暇时间有限。一般来说，村民们在晚上看过新闻联播之后，再忙碌点其他的事情，9 点多就已上床休息，因为第二天要早起干活，通常在早上 5 点钟就已起床，所以，晚上 10 点钟休息算是晚的。

当然，也有翦家族人摆放着从新疆收集或新疆同胞赠送的物品，但他们多是族里的精英人士，当有人来访时，他们要么是优先访谈的对象，要么是负责接待的人员。他们有展示的机会，也有珍藏的必要，他们是与新疆或是与外界对话的窗口，但这不能代表村民的总体情况。

再次，他们对新疆更多表现为好奇心，原生地域认同已经弱化。当问道：“你们想去新疆吗?”有的村民不假思索地说“不想去。”但是也有人会说“想去，当然想去，旅游谁不想去。”但是，当你问他们“如果有一天让你们迁回新疆的话，你们是否乐意?”几乎所有村民都会略微迟疑一下，然后说：“不想，我们已经习惯这边的生活方式了，回那边肯定不习惯”，“再说我们的亲戚朋友都在这边。”以现在情形看，湖南维吾尔族不再像他们的祖先那样有两次回迁新疆的行动支持他们对新疆的想象。在他们的意识中，新疆是祖先迁出的地方，仅限于此。据清真寺寺管会的翦会长说，以前也有新疆同胞提议说将他们迁回新疆去，但这也是不现实的。

最后，新疆维吾尔族带给他们的并不都是愉悦感与同根的手足情。从有些来访者的态度上可以看出：有个别的新疆维吾尔族人对他们的文化模式保持沉默，有的会直接质疑他们的种种行为，如伊斯兰教信仰的虔诚与否，生活禁忌的保留程度以及对维吾尔族文化的保留，等等。笔者在那里调查时，就遇到一位干部模样的人和一位新疆维吾尔族人来清真寺参观。其中一位似乎很不客气，所有的问话都是以反语的形式质问，如“你们过古尔邦节还宰羊吗，也不宰了吧?”“你们戴的帽子也不是维吾尔族的帽子?”“你们这边还有食品禁忌吗，没有了吧?”等等。虽然这样的人很不礼貌，却表明了一种态度，即对湖南维吾尔族身份与文化的质疑。当然这样的态度不是客观的、更不能代表全体新疆维吾尔族对他们的看法，但却是真实存在的，是族人们不可回避的。就如翦乡长向笔者谈起过的，个别新疆维吾尔族同胞对他们的通婚模式、语言的丢失还有伊斯兰教的信仰等方面的质疑，让他们处于“尴尬”境地。所以，不要说建立一种文化上的认同，就是达到彼此间相互的理解和尊重似乎也任重而道远。

在此情形下，精英们希望通过各种的交流与互动达成彼此间文化的认知与认同，但是这样的交流与互动毕竟有限，仍然改变不了族人们对新疆维吾尔族文化知之甚少的现状。这倒也不是普通的村民们不想相互了解以增进彼此的理解与认知，现实情形是：（见图 6 - 1）湖南维吾尔族由于600 多年的在地互动，他们与在地的回族、汉族在族际通婚、经济往来、社会交往、语言、思维、着装、喜好，甚至于地方性历史记忆等方面的频繁互动中，已形成紧密的地缘与亲缘认同；然而，他们虽与新疆维吾尔族同出一源，同为一民族，虽有原生情感的牵连，但由于630 多年的异地发展，因缺失的通婚、经济往来、社会交往等，而形成了各具自身特点的体质相貌、语言、思维习惯、通婚模式、着装、喜好和地方性知识等，这些都无形地阻碍着他们之间建立共同的文化认同，也就是说，两者各具特色的深层文化模式，非一朝一夕的交流与互动就能达成彼此间文化上的了解、认知与认同。因此，在这种缺失文化认同的情况下，湖南维吾尔族的民族认同更多是通过主观想象与建构来达成的。

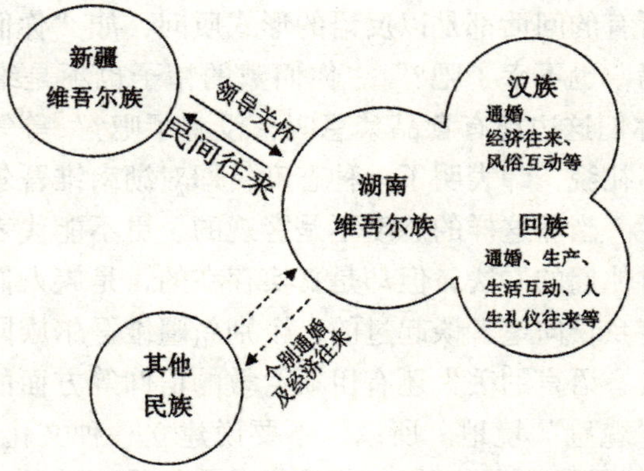

图 6－1　湖南维吾尔族与其他民族之间的互动形势图

第二节　建构中的主观认同

有关民族（族群）认同到底是客观文化特征所致还是主观上的自我认定，已经形成两大理论范式，并且这两个理论范式的形成与时间顺序有关，正如李亦园在《羌在汉藏之间》的序言中所说的："我的学术研究历程是成长于 1970 年代以前的，所以我对'民族'、'族群'等概念应属于'客观文化特征'派的；王（王明珂）先生的学术研究历程是成长于 1970 年代以后的，所以他的'民族'、'族群'概念明显是较偏于'主观认同'派的"。[①] 从时间上看，早期对族群与民族的研究更多从客观文化特征入手，认为族群是一个有着共同的客观文化特征的人群，如

① 李亦园：《羌在汉藏之间》序，见王明珂《羌在汉藏之间》，台北：联经，2003 年，第 1 页。

语言、宗教、习俗等；可是随着研究的深入，越来越多的学者倾向于认为族群主要是一种主观认同和社会文化的建构，其形成和维持有赖其边界的存续。

湖南维吾尔族的发展历程将上述两个相继发展的理论范式给予了充分的体现。新中国成立前，翦家族人因客观文化特征的不同而分化成两个民族，即当地流行的判定标准："吃肉的就是汉族，不吃肉的就是回族"；新中国成立后，忽然将一个地域相隔遥远、文化差异巨大的"族群"确定为同一民族，没有主观的想象与主动建构的意愿是难以达成的。正如本尼迪克特·安德森所说："它是想象的，因为即使是最小的民族成员，也不可能认识他们大多数的同胞，和他们相遇，或者甚至听说过他们，然而，他们相互联结的意象却活在每一位成员的心中。"①

新中国成立后，湖南维吾尔族以主观建构民族认同的过程中，部分缘于族内精英的运作模式，他们主观建构了目前的文化知识结构，如申报文化遗产、目前形成的主流表述体系等。正如有学者认为，新时期民族识别工作中观念已然发生转变，原先奉为圭臬的"客观"观有所松动，而"主观意愿"的权重则明显加大。因为，"这在一定程度上和本民族学者、本民族干部的成长有关，他们带领本族群众从主位视角表达其族群意识和认同，原有的客位视野下固定的民族分类体系开始受到挑战。"②

事实上，民族精英在带领本族群众建构民族认同的过程中，湖南维吾尔族中有文化意识的族人也在质疑他们目前的文化表述。一位见过三修谱的翦家族人对笔者说："我建议你看一下

---

① 本尼迪克特·安德森著，吴叡人译：《想象的共同体》，上海世纪出版集团，2005 年，第 44 页。

② 胡鸿保、张丽梅：《民族识别原则的变化与民族人口》，载《西南民族大学学报》（人文社科版），2009 年，第 4 期，第 12－13 页。

（翦氏家族）三修谱，那个版本非常正规，是木刻版，不是印刷的。”这位村民之所以向笔者提议看三修谱，是因为“四修谱中有很多都是假话。”不仅翦家族人的四修谱中有假话，有的村民也一再提醒笔者，“有的村民说的都是假话……”还一位村民也曾告诉笔者说，有学者认为翦氏家族的四修谱不具有任何学术研究价值。

当湖南维吾尔族在精英主导下主观地建构自己的民族身份时，他们也主观地建构了与当地回族的区别。如前所述，湖南维吾尔族对新疆维吾尔族的认同，多多少少由于文化认同的缺失而显得“空洞”，总不是那样真切。如果说他们之间没有认同那肯定是不正确的，但是，到底有多么的真切，似乎也很难说得清。而湖南翦姓维吾尔族与当地回族的情感远多于对新疆维吾尔族的情感体验并且具有共同的生活方式和宗教信仰模式，即便是现在，不论你问回族或是维吾尔族：“你认为，在我们这里回族和维吾尔族有什么区别?”所有的人都会回答：“我看没有什么区别，一样的。”笔者在调查中，有时要探究某人的回族身份时，有翦姓维吾尔族就会说：“谁知道他/她的母亲或者奶奶是不是翦姓维吾尔族呢?”可见他们自己也不想做太多区分，不论是历史传统还是现在情境下的回维不分，都表明了他们与一衣带水的回族经历近630多年的共生、共存，注定有更多的情感纠葛、生活体验，加之世代通婚所建立的血缘姻亲关系是无法割断的。但是，他们却建构了两者的区别，并教你如何区分当地的回族与维吾尔族，如“姓翦的就是维吾尔族，姓薛、姓马的那些就是哈勒·八士的部下，他们是回族。”

可见，新中国成立后的50多年，在翦氏族人认定为维吾尔族之后，他们对民族的判定早已从客观文化标准转换成目前在共同族属限定下的主观认同，是主观上他们认为翦氏族人是维吾尔族、是湖南的维吾尔族，与当地的回族或汉族是不同的。就如

Moerman 对泐人的研究，他认为："对于泐人不能以客观特征作为区分，而是以自我主观认同作为区分族群的标准，谁是泐人，就是那些自认为自己是泐人的人。"① 因此，在主观认同主导下，民族存在的实际意义并不因为民族成员内部的认同差异及地域差异而被忽略。特别是随着社会的发展，"民族的特征与其心理联系更加密切，外在的特征可能会淡化甚至消失，但心理的认同则更显得重要。"②

---

① Moerman, Michael: Ethnic Identification in a Complex Civilization: Who are the Lue? American Anthropologist, 1965 (67): 1215 - 1230.

② 丁宏：《从东干人反观回族的文化认同》，载《中央民族大学学报》（哲学社会科学版）2005 年第 4 期，第 52 页。

第七章　结论：民族意识的维系要素

湖南维吾尔族是一个独具特色的民族。她的特色体现在630多年沉浸于江南水乡的自然与人文环境中所形成的独特的在地文化模式。这就导致她与新疆维吾尔族具有完全不同的文化模式。在此基础上展现出的湖南维吾尔族的民族意识的建构过程，我们可以看到他们与新疆维吾尔族的认同完全是在缺失客观文化基础上的主观建构。所以说，在湖南维吾尔族民族意识中是不包含对传统文化模式的强调，它完全是主观上划定的民族界线，并在此基础上进行建构族群边界达到维系民族意识的目的。他们与新疆维吾尔族或者说与我国朝鲜族的认同模式是不同的，如上两例的认同模式是建立在客观文化基础上的，他们拥有共同的文化模式，如语言、宗教、音乐、舞蹈以及通婚模式，等等，而湖南维吾尔族由于历史上宗教信仰的分化，在他们的内部就已呈现出不同的文化模式，但是这并没有影响到他们在当下的民族身份建构。

那么，在当下的情景下这种主观性建构的基础是什么呢？在此，我们首先要看到，原生情感在湖南维吾尔族身份建构中的作用。这种原生情感指的是人们在建构族群认同时，对出身、世系与共同起源的强调。因此，人们可能挑选那些能够反映其世系起源的文化特质作为族群的边界，也可能在文化特征丢失的情况下，只通过对共同祖先、相同世系的追溯以强化族群认同，并成为当下建构意义的来源。因此，不论是格尔茨强调的人们对自己历史与文化上的“原生情感”，还是范·登·伯格强调的非理性原生情感中的基因纽带关系，都不可否认，原生论在解释当下的族群建构中仍具有不可忽视的解释力度。因为，世界的每个民族或是族群，不论他们现今的文化模式如何，都拥有相应的历史记忆以维系本群体的发展，就如分散到世界各地的犹太人一样，他们虽已因社会环境的不同而拥有不同的文化模式，甚至有的已改变了宗教信仰，但是他们却通过对自身世系的表述，使他们在当下成为犹太人。

在访谈中，笔者就这一问题来试探，也就是为何要认同新疆的维吾尔族，即他们离你们这样远，少有往来，文化也不一样，为何还要将自己认同为维吾尔族？对这一问题，村民们认为根本不存在为何要认同的问题，就如有的村民说："我天生就是维吾尔族，从基因上说，我的基因里就是维吾尔族的基因"、"我们是从新疆过来的，我们是祖传的维吾尔族"，然后就会叙述起祖先的事迹："我的祖先哈勒·八士……"无疑，在认同的表述上，血缘与世系是湖南维吾尔族认同中的一部分，而对祖居地的表述是"根"意识的原生情感的抒发。

不可否认，认同中的原生情感因素在这50多年间培养与建构中所产生的影响与作用。毕竟在历史上还有两次北迁的事件（见第五章第三节）强调着这样的原生地域认同。但是，湖南维吾尔族在定居桃源的630多年中，因居于特定的生存空间，受所处人文环境与自然环境的影响，翦氏维吾尔族的文化模式与其他在地民族的文化界限日见淡漠，文化上经历了深刻的历史转变，即"虽来自回纥"却"同化成湖南西路之一大族"。因此，在长达6个多世纪的单向历史进程中，翦氏族人的历史记忆中亦背负了太多的在地情感体验。这种丰富的在地情感体验致使湖南维吾尔族面对着精英主导下的文化建构时，表现出对在地文化的强烈固守，这时，我们又作何解释？

这时，我们要说人不只是情感的，更是理性的。正如人们对原生论的批评一样："1．即使是世系、亲属群体也不是完全根据生物学关系的远近来建立；2．既然文化已足以帮助人们超越其生物性，那么，就应该多去关注文化对于人们行为的影响，而不应该来侈谈这些实际上缺乏证据的生物学原因。"① 因此，在对湖南维吾尔族现代背景下民族认同建构的分析中，除了对原生情感的关注外，还要考虑其中利益权衡的方面，也就是在认同过程中表现出的工具理性。

在工具论看来，族群认同是对于有限资源的竞争。在此理论观点下，族籍不过是人们为追逐集体利益而操弄的一种手段，因此，族籍并非什么原生的、不可或缺的，在追逐、优化利益的过程中，跟随互动场景的变换，人的身份也会在职业、阶级、乡籍等方面发生变动，具有很强的情景商榷性。同时族群意识的兴衰具有政治、经济场景变换的特点，因此，工具论也被称作"场景论"。

就湖南维吾尔族认同建构的过程看，隐蔽在每个人心灵深处的认同情感，如果没有激发与诱导不太可能达成强烈的民族意识。他们是具有民族认同的，但是民族认同在调动原乡情感时，也是利益权衡、获取相应资源的一种手段，它不是日常生活中的一切事物。此处要予以强调的是："利益"，具有广泛的含义，不仅包括可见的经济利益、政治利益以及发展动力，更包括荣誉感以及自信心的获得。因此，只有当人们对利益进行权衡时，民族认同意识才更突显出来。就如在谈到族人们的民族意识时，有村民说道，"我个人认为，有民族政策在那里，所以人们就都有这个意识，一旦哪一天用不上了，人们也就无所谓了。历史上，人们的信仰是纯信仰，与利益无关。历史上也没有觉得我们与回族有什么不同，大家都信教，也就没有感觉到不一样，只要是穆

① 庄孔韶主编：《人类学通论》，山西教育出版社，2003 年，第 349 页。

斯林就行。”

正如湖南维吾尔族“局内人”的观点所显示的，湖南维吾尔族在民族建构的过程中，具有哪些工具性的特点呢，此一认同建构过程，他们获得了哪些或显或隐的“利益”呢？下面，笔者以翦氏族人的建构过程予以叙说。

1. 荣誉获得

首先，翦氏族人作为维吾尔族的过程，是使祖先的历史更具有真实性的过程，也自是增添自身荣誉感的过程。因为，翦家族人先祖的历史要从高昌王国斩杀西辽的监国说起，而国家认定湖南维吾尔族的身份依据就是翦家族人的历史。因此，国家承认翦家族人为维吾尔族的过程就是认可他们的英雄祖先历史事迹的过程。历史上的哈勒、哈勒·八士以及现代背景下的维吾尔族是一脉相承的，正因为英雄祖先，他们现在才是维吾尔族，也正因为现在是维吾尔族才更加显示出英雄祖先的真实性，两者相伴而生。对英雄祖先事迹的世代传承，恰恰体现出翦伯赞在《我的姓氏，我的故乡》中转引刘知几的话：“夫世重高门，人轻寒族，竞以姓望所出，邑里相矜。”

事实上，作为湖南乡间的一个普通村落、一个行政的基本单位，单从回维村的地形地貌、民居形制、农事器具到村民的言行举止都极不易与周边的其他村落做异质的区别，即具有很大的均质性。但回维村村民的社会生活具有新的“民族”属性后，致使她不论在人口、经济和社会等方面都具有特殊性，在本区域的社会地位，甚至于在国家的行政话语体系中被关注的程度、特权及声誉都与周边村落显著不同。尤其是 20 世纪 80 年代以来，回维村变得忙碌起来，应接不暇的接待与来访，其中不乏外国的国家领导人（见附录），使回维村受关注的程度达到空前。因此，在此情境下，作为一位普通的村民，如果是维吾尔族的话，那他们有足够的理由来感受这份荣耀，而如果是一名回族，则没有可能享受这一热闹的场面（案例7－1，7－2，7－3），无法分享翦氏祖辈留下的辉煌。

案例7－1：有村民对笔者讲，当翦氏族人更改为维吾尔族之后，当地的回族就对新疆维吾尔族多少有一些意见。因为，新疆维吾尔族到枫树访问时，当知道对方是回族后，立即对他们冷淡下来，不与他们交流，而对翦氏维吾尔族则是十分热情。他给笔者描述道："民族划分之后，在同一场合下，当新疆维吾尔族知道你是回族时，就会立即对你冷淡下来，但是，如果你是维吾尔族的话，那些新疆过来的人对你尤其热情，急忙伸出手说，你好，你好！"

案例7－2：还有一位回族的老师傅给笔者讲述了他的一次遭遇。那位老师傅说：有一天，我戴了一个维吾尔族的礼拜帽从枫树乡那边往家走，在路上正好遇到两个新疆维吾尔族的人找清真寺，他们很热情地向我问路，我告诉他们后，他们就说，你是维吾尔族吧？老先生说，不，我是回族。那两个新疆人立刻就冷淡了下来，当老爷子再次在清真寺见到他们时，他们并没有与他打招呼。

案例7－3：记得在开斋节那天，笔者在清真寺的院子中与几位翦家族人聊天。旁边坐着一位老先生，他一直没有参与到聊天中，静静地坐在那里。当笔者刚要与他讲话时，他直接对笔者说"你不要问我，我是回族"，他说道："你们不是都只问维吾尔族而不问回族吗？"随后，他解释说，"去年有一伙来做调查的学生，就跟你一样，他们在发资料给大家。但是，当他们知道了我是回族时，立即从我的手里抢过去了刚发到手里的一份资料。"看来这件事让他耿耿于怀。虽然他没有直接表示出来，他是多么生气，但从最开始的那段话上，已经看出来他的敌意与自我保护的心理。

如果翦氏族人作为回族的话，那自会平淡得多，并且少有人关注。从大背景看，回族不仅在中国广为分布，同时由于人口众多，在一定意义上可以称他们为少数民族中的多数民族。尽管，回族的研究已取得了辉煌的成就，但如果想让他们成为回族学者关注的一部分，那么翦家的历史记忆似乎仍不具备鲜明的特色和历史的厚重，因为在中国这样历史沉积型社会，走到哪里都会有英雄祖先的存在。因此，拥有“辉煌”的历史叙事不足为奇。就拿现在回维村的马姓回族来说，马家的先祖马德成将军是随哈勒·八士南征的将军之一，当年马德成将军率回回军兵驻扎常德，并任常德卫指挥使，成官城郭。在数十年间，多次率部平南乱、灭残匪，功勋卓著。明洪武二十年以后战事趋平，部分将士北返，马德成将军留居此地，亡故后，葬于常德沙河黄龙岗，后迁至翦旗营内马坊园，即现回维村 11 组马家堰堤。但是，马家在当下不论在官方的表述和还是在民间的影响力都显得平常。他们被提及时，更多由于他们和翦姓维吾尔族所具有的历史联系，而这些仍不足以成为关注的对象，因此，到目前为止，未见有学者深入研究他们的历史与信仰，更少有人关注他们的历史记忆。

2. 自信心与发展动力获得

翦氏族人作为维吾尔族的过程，是“根”的意识再培养过程，也是获得精神依托和动力支持的过程。新中国成立前，翦家族人要么与回族，要么与汉族处于共生关系中，同时又有家族的意识维系翦氏族人的发展，发展的动力主要来自于当地的人文环境与自然环境的营养供给。但是，当他们重新获得一个新的民族身份，且又与新疆维吾尔族路途遥远，他们如何获得精神与动力的支持，那就是“根”的意识的培养与想象。人总不希望作一个无根的浮萍。正如有村民所说的：“不要忘祖，忘记辈分的人则将是灾难，不能忘记。”

因此，对遥远新疆维吾尔族的想象具重要意义，这不仅仅突显了翦家族人在当下的地位，同时，如果没有这种想象的勾连，他们也许会成为无根之叶，失去生命力最终走向民族的衰落或灭亡。这一点可以从中国开封犹太人的生存过程窥之一二。由于开封犹太人（张绥 1990；朱威烈 1992）失去了与其主体民族的联系与想象而最终融入汉族和回族之中。他们在文化和宗教上完全成了无根的叶子走向衰落。当然“根”如果可以源源不断地从母体那里补给营养的话，就如最初犹太人从以色列请来拉比，那是最佳的形式；如果没有事实营养的供给，单单的想象也足以成为他们独立发展的理由与动力。因为，“所有这些联系，帮助每个人承担他自己的存在，如果没有它们，每个人的脆弱、出生与死亡，都是他无法独自承担的。”①

3．政治与经济关注

作为世居湖南“维吾尔族第二故乡”的维吾尔族是湖南省少数民族中的少数民族，并且由于当代众多维吾尔族话题在国内与国外政治背景下的涌现，导致了省和国家对他们行政上的特殊关注。如“7·5 事件”发生后，省委统战部部长视察了省内四个维吾尔族回族自治乡，并且现场办公，批了 30 万元给枫树乡：回维村 10 万元、清真寺 10 万元、学校（小学和中学各 5 万元）10 万元，以改善和提高湖南维吾尔族的生活和工作状况。除了重大事件的关照，每年的宗教节日一般都有地方领导的关心与慰问，虽说形式各异，如 2009 年 10 月 1 日常德和桃源电视台到回维村清真寺录制维回民族观看建国 60 周年的国庆阅兵仪式、2009 年古尔邦节的节目录制，等等。所有这些活动与他们的维吾尔族身份是不可分割的。

① ［美］哈罗德·伊罗生著，邓伯宸译：《群氓之族：群体认同与政治变迁》，广西师范大学出版社，2008 年，第 158 页。

作为民族群体来说，枫树乡是以维吾尔族为主要少数民族来源成立的民族乡。民族乡申请成功后，枫树乡在整体的发展上就拥有一定的优势条件。如每年可以从国家得到相应的发展专项资金，同时乡的发展与个体的发展更是紧密相连的，如在民族乡办企业会优先得到当地政府的关注与资金的相应支持以及国家的税收照顾，等等。就个体发展而言，不仅在升学和生育子女等方面享有相应的照顾政策，如果是少数民族干部的话，则是具有较优势的培养与发展机会。这些是非少数民族无法享有的。

尤其对村中的精英人物来说，他们有机会多次去新疆交流与访问，并且受到优待。就如一位精英与笔者所说，记得当年去新疆时，受到的待遇是上宾的接待，两边有夹道欢迎的人群，有人献花，整个的行程安排的妥妥帖帖，并且游览了新疆的部分地方。除了有机会到新疆扩大视野外，部分精英政治地位的获得与其维吾尔族的身份亦不无关联，如市政协委员的选举、省伊斯兰教协会给湖南维吾尔族预留的副会长职位，等等。当省伊协的翦副会长在 2009 年 11 月初来北京参加中央统战部组织的全国省伊协副会长的会议时也与笔者坦言："如果去其他的地方，自身发展的机会就很少。"同时，笔者与另一精英谈论他这些年所获得的成绩时，如见到某位国家领导人、参加了国际会议以及发表的文章，等等，他谦虚地说道："我做的那些不算啥，都是沾了民族的光……"

虽说各少数民族在国家少数民族照顾政策之下享有的基本权利是相同的，但是翦姓维吾尔族却由于自身所受到的关注以及在此过程中获得的荣誉感，不仅增强自身发展的信心，同时也会给整体民族的发展带来可观的利益，这一点是无可争议的。就如有学者对福建泉州当地的回民社区进行研究表明："当地地方政府和回民所建构的穆斯林认同，与常规意义上的族群性全然无关，而是一种通过建构一个当地汉文化之'他者'的形象来获取外界的注意，所以在本质上是一种通过积累象征资本来获取商机的行为。”① 因此，翦家族人在建构维吾尔族认同的过程中，也不可能脱离全球化背景的影响，他们对自身的宣传造势有利于地方为外界所知，从而获取商机以谋求地方、民族与个体的发展呢。

利用其独特的维吾尔族身份发展地方经济，族内的精英们也有诸多的想法，如民族风情园的构想、翦伯赞故居的修建等，都是发展地方经济的一部分。而在发展地方经济的具体事项的运作中，村民们也是进行权衡与考虑的，就如在翦伯赞故居的修建中所体现出的利益权衡，详见如下案例。

案例 7－4：翦伯赞故居修建中多方考虑

翦伯赞故居的修建既可以说是湖南维吾尔族的一件大事，其中体现出的是地方政府和族内精英的主导性，同时也体现出村民对自身利益的考虑。在访谈中，村民们只是听说要修建翦伯赞故居了，但是具体的时间、事情进展情况、修建在哪里，普通的村民并不十分清楚。当然乡长也和我说，他什么也不知道，具体听上面的。

此中，最具有冲突的事情是关于翦伯赞故居的选点问题。作为普通的村民，尤其是与翦伯赞同一组的 11 组村民都希望翦伯赞的故居修建在老屋处。村民们认为，既然是故居就要修在他的老房子那儿，况且那里也有地方。当他们听说，也许可能要修在公路旁或是养牛小区那边时，他们异常气愤地表示，“如果他们修在别处，那我们就不同意。”笔者听族中精英人士说，目前有三个想法，一个是修在老宅子处；一个是修在村中乡村公路南边的养牛场附近，那里原来

① 范可：《全球化语境下的文化认同与文化自觉》，载《世界民族》2008 年第 2 期。

是麻家坪的地界，现在均是回维村的田地，空间较大；另一种说法是：修在乡中心小学和五房堰附近。但都是听说，没有一个定论。据村民讲，考虑修在公路旁边的主要原因是便于旅游参观。因为养牛场、乡中心小学、清真食品厂、清真寺等一条线路下来的。修到11组则又要绕路，因为11组距清真寺和小学有一段距离。不过村民们普遍认为既然翦伯赞是11组的人，且老房子的地方还都在，就理应修在11组的老房子处，这才是他的故居。现住在老屋处的一户人家，听说因为翦伯赞故居修建的地点没有定，也一直没有翻修新屋。

村民的意见和想法是否会作为参考意见，笔者不得而知。据村民讲，上面（桃源县）已派人过来调查（当然主要是对选址进行衡量）。所以，当笔者过去看翦伯赞以前老屋所在地时，有村民就认为笔者是过来考察选址的。当知道我不是为此事过来时，他们多少有点失落。

具体会选在哪里？这其中多少有些复杂，因为，这件事还涉及利益的权衡。村民们一再强烈要求修在老宅子的原因，这里面也不仅仅是因为翦伯赞生于斯长于斯的原因，这其中有荣誉的，更有经济发展方面的考虑。如果修在养牛场那边，这边的开发又会没有希望了。因为，有的村民跟我说，“养牛场修在那边，用的还不都是那边的人，如果翦伯赞故居修在那边，用的肯定也都是那边的人。”

就连乡长对笔者也采取了相对保守的态度，关于具体的选址和运作的过程，他似乎不愿多讲。当然我很尊重他。他有不讲的道理。他说，“村民们有想法可以理解，具体的选址，我管不着，要听上面的。”乡长是从始至终参与运作的主要领导之一。如乡里早在2006年就开始筹划修建翦伯赞故居的事情。在2008年年末，乡里多次派人到北京的相关部门商议此事。在2009年暑期时听说，可能马上要奠基了，但是，直到11月也没有任何动静。后来乡长在11月份又来北京，到国家民委等单位具体运作这件事情，而此前他就曾多次跑北京和武汉等地，一直为此事而奔波。

可见，在对湖南维吾尔族工具理性的分析时，我们发现不论是个体，抑或是群体均可以以维吾尔族族名作为利益考虑的一个方面，尤其在以经济为导向的社会背景下，更突显了工具性的解释力度。在这种情况下，使得民族具有“利益共同体”的特质、是人们利益关注中运用的策略。

由此可见，我们通过对现代背景下的湖南维吾尔族文化特点以及民族身份的认知、建构过程，我们可以窥见，民族意识的形成和确立与客观文化的非相关性，其突显的是主观认同，也就是在当下背景下，湖南维吾尔族在民族精英和当地政府的带领下，实现了民族身份的建构过程。翦氏族人630多年的成功生存与繁衍的现实，经历了“回纥”到“自然同化为湖南西路之一大族”再到现代背景下的湖南维吾尔族，不仅在回维村形成了多元文化并存的现实，同时民族意识的形成过程也印证了翦家族人的身份建构是缺失客观文化认同之下的主观建构、是基于原生情感之上的理性选择。因此，民族意识并不必然与客观文化相关联，同一民族的不同支系可以拥有不同的文化模式，但却不影响其作为同一民族而存在。

参考文献

一、中文文献

1. ［英］安东尼·吉登斯著，胡宗泽、赵力涛译：《民族—国家与暴力》，生活·新知·读书三联书店，1998 年。

2. 本尼迪克特·安德森著，吴睿人译：《想象的共同体》，上海世纪出版集团，2005 年。

3. ［苏］勃罗姆列伊：《民族与民族学》，内蒙古人民出版社，1985 年。

4. 曹红：《维吾尔族生活方式——由传统到现代的转型》，中央民族大学出版社，1999 年。

5. 陈遵望、见闻：《湖南维吾尔族》，岳麓书社，1994 年。

6. ［美］菲利克斯·格罗斯著，王建娥等译：《公民与国家——民族、部族和族属身份》，新华出版社，2003 年。

7. 范可：《国家政治与泉州回民的穆斯林认同》，载《江苏行政学院学报》2009 年第 1 期。

8. 费孝通：《中华民族多元一体格局》，中央民族学院出版社，1989 年。

9. 费孝通：《简述我的民族研究经历和思考》，载《北京大学学报》（哲学社会科学版）1997 年第 2 期。

10. ［美］弗里德曼著，郭建如译：《文化认同与全球性过程》，商务印书馆，2003 年。

11. ［英］盖尔纳，韩红译：《民族与民族主义》，中央编译出版社，2002 年。

12. 高欢：《湖南桃源县维回族汉语方言研究》，硕士学位论文，南开大学，2007 年。

13. ［美］斯蒂文·郝瑞（Stevan Harrell），巴莫阿依、曲木铁西译：《田野中的族群关系与民族认同》，广西民族出版社，2000 年。

14. 郝时远：《台湾的“族群”与“族群政治”析论》，载《中国社会科学》，2004 年，第 2 期。

15. 何叔涛：《民族过程中的同化与认同》，见《民族学与人类学的中国经验》，黑龙江人民出版社，2005 年。

16. 黄光学、施联朱：《中国的民族识别：56 个民族的来历》，民族出版社，2005 年。

17. 霍布斯鲍姆著，李金梅译：《民族与民族主义》，上海人民出版社，2000 年。

18. 翦正红：《加快湖南维回（回维）民族乡发展之我见》，载《民族论坛》2009 年第 3 期。

19. 蒋新慧：《维吾尔传统婚俗与传统文化及社会》，硕士学位论文，兰州大学，2002 年。

20. ［美］曼纽尔·卡斯特著，夏铸九、王志宏等译：《认同的力量》，社会科学文献出版社，2003 年。

21. ［美］埃里·凯杜里著，张明明译：《民族主义》，中央编译出版社，2002 年。

22. 李春保：《湖南维吾尔族文化与变迁》，硕士学位论文，新疆大学，2007 年。

23. 李继利：《族群认同及其研究现状》，载《青海民族研究》2006 年第 1 期。

24. 李绍明：《从中国彝族的认同谈族体理论——与郝瑞教

授商榷》，载《民族研究》2002年第2期。

25．李炽昌、游斌：《生命言说与社群认同》，中国社会科学出版社，2003年。

26．刘德一：《试论族群认同和国族认同》，载《中南民族大学学报》2005年第3期。

27．罗敏中：《试谈湖南维吾尔族文学》，载《理论与创作》2000年第5期。

28．骆惠珍：《解读维吾尔族宗教民俗》，载《昌吉学院学报》2003年第2期。

29．纳日碧力戈：《现代背景下的族群建构》，云南教育出版社，2000年。

30．麻国庆：《全球化：文化的生产与文化认同——族群、地方社会与跨国文化圈》，载《北京大学学报》2000年第4期。

31．马海云：《回族研究的新视野：一个方法论的讨论——兼评杜磊〈中国穆斯林〉》，载《回族研究》1998年第4期。

32．马启成、丁宏：《中国伊斯兰文化类型与民族特色》，中央民族大学出版社，1999年。

33．马戎：《民族与社会发展》，民族出版社，2001年。

34．马戎：《试论“族群”意识》，载《西北民族研究》2003年第2期。

35．马亚萍：《改革开放以来的中国维吾尔族研究》，载《西北民族大学学报》2004年第5期。

36．潘蛟：《“族群”及其相关概念在西方的流变》，载《广西民族学院学报》2003年第5期。

37．彭兆荣：《实践于历史与想象之间——客家群族性认同与宁化石壁公祭仪式》，载《思想战线》2001年第1期。

38．彭兆荣：《民族认同的语境变迁与多极化发展》，载《广西民族学院学报》1997年第1期。

39. 祈进玉：《不同情景中的群体认同意识——基于三个土族社区的人类学对比研究》，博士学位论文，中央民族大学，2006年。

40. 乔健主编：《文化、族群与社会的反思》，高雄：丽文文化事业股份有限公司，2005年。

41. 热孜婉：《试论维吾尔族宗教信仰的历史变迁》，载《山东教育学院学报》2004年1期。

42. 阮西湖：《关于术语“族群”》，载《世界民族》1998年第2期。

43. 沙力克：《族群与民族的国际对话》，载《人民日报》2001年11月2日。

44. 苏北海：《伊斯兰教在维吾尔族中发展的特点》，载《世界宗教研究》1987年第3期。

45. 孙岿：《维吾尔族亲属称谓制的类型》，载《西北民族研究》2000年第4期。

46. ［加］查尔斯·泰勒著，韩震译：《自我的根源：现代认同的形成》，译林出版社，2001年。

47. 塔瓦库力·提力瓦尔地：《中国维吾尔历史文化研究论丛》（4），民族出版社，2006年。

48. 田卫疆：《蒙古时代维吾尔人的社会生活》，新疆美术摄影出版社，1995年。

49. 佟春霞：《妇女地位的提高与湖南维吾尔族的文化变迁——从一次葬礼的冲突谈起》，载《现代人类学通讯》2009年。

50. 涂春堂、应国斌编：《清嘉庆常德志校注》，湖南人民出版社，2001年。

51. 拜合提亚尔·吐尔逊：《现代农村维吾尔族家庭规模与结构、家庭关系及家庭功能初探》，载《西域研究》2005年第3期。

52. 童玉芬：《中国新疆的人口与环境》，世界知识出版社，2006 年。

53. 万明钢：《多元文化视野价值观与民族认同研究》，民族出版社，2006 年。

54. 王德成：《孙中山民族主义思想的嬗变轨迹》，载《理论界》2007 年第 2 期。

55. 王明珂：《羌在汉藏之间：一个华夏边缘的历史人类学研究》，台北：联经出版，2003 年。

56. 王明珂：《华夏边缘：历史记忆与族群认同》，社会科学文献出版社，2006 年。

57. 王鹏：《湖南维吾尔族社会文化变迁研究》，硕士学位论文，中央民族大学，2009 年。

58. 王希恩：《民族认同与民族意识》，载《民族研究》1995 年。

59. 王霄冰等编：《文字、仪式与文化记忆》，民族出版社，2007 年。

60. 魏红珊：《文化移民与认同危机》，载《文艺理论与批评》，2002 年 2 期。

61. 伍新福：《湖南居民和民族的历史变迁》，载《民族论坛》，2002 年第 1 期。

62. 吴景山：《青海省民和县冶姓回族先民的碑石资料及其悼念整理方面相关问题》，载《西北民族研究》2001 年第 4 期。

63. 新疆社会科学院历史研究所编：《新疆地方历史资料选辑》，人民出版社，1987 年。

64. 解黎晴：《翦家岗："维吾尔第二故乡"》，载《中国民族报》2004 年 3 月 26 日。

65. ［英］休·希顿－沃森著，吴洪英、黄群译：《民族与国家：对民族起源与民族主义政治的探讨》，中央民族大学出版社，

2009 年。

66. 颜小华：《维吾尔族传统宗法文化初探》，载《青海民族研究》2004 年第 4 期。

67. 杨圣敏：《干旱区文化的两个特点》，载《中国少数民族人口》2001 年第 1 期。

68. 杨圣敏：《回纥史》，广西师范大学出版社，2008 年。

69. 张国云：《维吾尔人宗教生活的人类学考察》，博士学位论文，中央民族大学，2006 年。

70. 张永红：《试论族群认同和国族认同》，载《中南民族大学学报》2005 年第 3 期。

71. 张咏：《认同与发展——一个边疆汉人移民社区的文化研究》，博士学位论文，中央民族大学，2004 年。

72. 郑晓云：《文化认同与文化变迁》，中国社会科学出版社，1992 年。

73. 中国少数民族社会历史调查资料丛刊之一：《南疆农村社会》，新疆人民出版社，1979 年。

74. 周大鸣主编：《中国的族群与族群认同》，广西人民出版社，2002 年。

75. 赵必珊：《试论民族的认同形态》，载《前沿》2006 年 3 期。

76.《翦氏族谱》（三修），‘民国’十一年修谱

77.《翦氏族谱》（四修），1996 年。

二、英文文献

1. Arens, W. : “Changing Patterns of Ethnic Identity and Prestige in East Africa.” In Perspectives on Ethnicity. ED. By Regina E. Holloman & Serghei A. Arutiunov. Paris: Mouton Publishers, 1978.

2. Arutiunov, S. A. & Yu. V. Bromley: "Problems of Ethnicity in soviet Ethnographic Studies. "? In Perspectives on Ethnicity. Ed. By Regina E. Holloman & Serghei A. Arutiunov. Paris: Mouton Publishers. 1978.

3. Banks, Marcu: Ethnicity: anthropological constructions. London: Routledge Press, 1996.

4. Banton, Michael: " the Kirection and Speed of Ethnic change. " In Ethnic Change. Ed. By Charles Keyes. Seattle: University of Washington, 1981.

5. Barfield, Thomas J.: The Perilous Frontier: Nomadic Empires and China. Cambridge, Mass.: Basil Blackwell, 1989.

6. Barth, Fredrik: Ethnic Groups and Boundaries. Boston: Little, Brown and Company, 1969.

7. Berghe, Van den. : Race and Ethnicity: A Sociobiological Perspective, 1978.

8. Brass, Paul R. : Ethnicity and Nationalism: Theory and Comparison. New Delhi: Sage Publications, 1991.

9. Charsley, S. R.: "The Formation of Ethnic Groups" . In Urban Ethnicity. Ed. By A. Cohen. London: Tavistock, 1974.

10. Cohen, Abner: Custom and Politics in Urban Africa. Berkeley: University of California, 1969.

11. Cohen, Anthony P. : Symbolising Boundaries: identity and diversity in Bristish cultures. Manchester: Manchester University Press, 1986.

12. Cohen, Ronald: "Ethnicity: Problem and Focus in Anthropology. " In Annual Review of Anthropology, 1978: (7) .

13. Connerton, Paul. How societies remember. Cambridge: Cambridge University Press, 1989.

14. Despres, L. A. (ed.): Ethnicity and Resource Competition in Plural Societies. The Hague: Mouton, 1975.

15. Diamond, Norma: "Defining the Miao". In Cultural Encounters on China' s Ethnic Frontiers. Ed. By Stevan Harrell. Seattle: University of Washington Press, 1995.

16. Elias, Norbert: The Established and the Outsiders: A Sociological Enquiry into community problems. London: SAGE Publications, 1994.

18. Eriksen, Thomas H.: Ethnicity and Nationalism. London: Pluto Press. 1993.

19. Fentress, James & Chris Wickham. 1992. Social Memory. Oxford: Blackwell.

20. Gladney, Dru C.: Ethnic Identity in China: The Making of a Muslin Minority Nationality. Orlando: Hardcourt Brace & Company, 1998.

21. Gorden, Milton: Assimilation in American Life: The Role of Race, Religion, and National Origins. New York: Oxford University Press, 1964.

22. Haaland, Gunnar: "Economic Determinants in Ethnic Prpcesses". In Ethnic Groups and Boundaries. Ed. By Fredrik Barth. London: George Allen & Unwin, 1969.

23. Moerman, Michael: "Ethnic Identity in a Complex Civilization: Who Are the Lue?" In American Anthropologist, 1965 (67): 1212 – 30.

24. Schiller, N. G.: "Ethnic Group are Made, Not Born: The Haitian Immigrant and American Politics". In Ethnic Encounters: Identities and contexts. Ed. By George L. Hicks& Philip E. Leis. North Scituate: Duxbury Press, 1977.

附录：1949 年至今回维村大事年表

1．1956 年夏，以湖南省省长程潜及周小舟、周世钊为首的省级领导专程到桃源看望了维吾尔族群众，并为枫树小学题写了校名。

2．1956 年秋，翦伯赞受毛主席委托，以全国人大代表身份到桃源及维吾尔族地区视察工作。

3．1978 年，苏丹总统尼迈里到桃源，参观了枫树维吾尔族地区的农业、林业、水利建设设施等。

4．1979 年，埃塞俄比亚总统来到枫树、青林维回民族聚居区参观访问。

5．1984 年夏，省委书记毛致用陪同张平化同志来到枫树维吾尔族回族乡指导工作。

6．1983 年至 1985 年，新疆奎屯地委代表团、新疆吐鲁番地区代表团、新疆老干部代表团、新疆大学代表团、新疆林业考察团、新疆税务与工商代表团，先后到桃源维回民族聚居村进行参观和考察。

7．1985 年，以翦仁成、翦象友、翦金婵为代表的湖南维吾尔族代表团，应邀参加了新疆维吾尔自治区成立三十周年大庆活动。

8．1986 年，以翦仲成为代表的维吾尔族第二故乡代表团参加了在新疆乌鲁木齐举行的第三届全国少数民族传统体育运动会。

9．1985 年至 1987 年国家民委副主任任英、赵延年；全国人大民委史筠；湖南副省长先后到枫树考察。

10. 1986年8月27日，枫树维吾尔族回族乡和青林回族维吾尔族乡同一天成立。

11. 1988年至1989年，全国政协副主席、国家民族事务委员会主任司马义·艾买提、国家民族事务委员会副主任赵延年等到桃源枫树、青林视察。

12. 1993年6月，枫树清真寺落成。

13. 1996年，落成后的枫树清真寺成功举办了中国湖南维吾尔族南迁625周年庆典活动。

14. 2003年11月，举行湖南桃源枫树清真古寺建寺600周年庆典。

15. 2003年，当地精英提出《中国“维吾尔族第二故乡”民族风情源（园）项目建设方案》。

16. 2006年至2007年，新疆师范大学的志愿者马若彦到枫树乡中学讲授维吾尔语。

17. 2007年4月，“桃源枫树维吾尔族古尔邦节”申报省级非物质文化遗产。

18. 2010年1月18日，翦伯赞故居在回维村11组奠基。